乡村筑梦人

乡村校长发展叙事研究

单莹 著

湖南师范大学出版社
·长沙·

图书在版编目（CIP）数据

乡村筑梦人：乡村校长发展叙事研究／单莹著．—长沙：湖南师范大学出版社，2023.5
　ISBN 978-7-5648-4920-7

　Ⅰ.①乡…　Ⅱ.①单…　Ⅲ.①农村学校—中小学—校长—学校管理　Ⅳ.①G637.1

中国国家版本馆 CIP 数据核字（2023）第 076118 号

乡村筑梦人——乡村校长发展叙事研究
Xiangcun Zhumengren——Xiangcun Xiaochang Fazhan Xushi Yanjiu

单　莹　著

◇出 版 人：吴真文
◇责任编辑：宋　瑛
◇责任校对：李　开
◇出版发行：湖南师范大学出版社
　　　　　　地址／长沙市岳麓区　邮编／410081
　　　　　　电话／0731-88873071　88873070　传真／0731-88872636
　　　　　　网址／https：//press.hunnu.edu.cn
◇经销：新华书店
◇印刷：长沙印通印刷有限公司
◇开本：710 mm×1000 mm　1/16
◇印张：12
◇字数：200 千字
◇版次：2023 年 5 月第 1 版
◇印次：2023 年 5 月第 1 次印刷
◇书号：ISBN 978-7-5648-4920-7
◇定价：58.00 元

如有印装质量问题，请与承印厂调换。

目 录

第一章 绪论 (1)
  一、我们为什么关注乡村校长 (1)
  二、我国乡村校长的基本状况和总体特征 (3)
  三、国内外目前关于乡村校长的研究 (7)
  四、为什么选择这7位校长 (14)

第二章 志美行厉的乡村赋能者 (17)
  一、案主描述及初印象 (17)
  二、校长是如何炼成的：脚踏实地的"后进生" (19)
  三、治校经验：大小校治理异同 (26)
  四、乡教负荷：看护橘园千般苦，后继乏人心有愧 (31)
  五、我的思考：乡村学校校长领导力的匡扶路径 (35)

第三章 乡村社区的新型行动者 (40)
  一、案主描述及初印象 (40)
  二、校长是如何炼成的：从小树苗到参天大树 (41)
  三、治校经验：以校为家，协调内外 (47)
  四、乡教负荷：教师成长之困，学校职能之思 (54)
  五、我的思考：乡村校长的社区领导力构建 (56)

第四章 奏响"幸福三部曲"的新生代乡村校长 (61)
  一、案主描述及初印象 (61)
  二、校长是如何炼成的：在困难中成长，于挫折中寻找幸福 (62)
  三、治校经验：弘扬教育本真，践行"幸福教育三部曲" (69)
  四、乡教负荷：内外夹击，负重前行 (74)

五、我的思考：提高教师幸福指数，幸福教师培育幸福学生 …(76)

第五章　心系留守儿童的草根校长 …(82)
　　一、案主描述及初印象 …(82)
　　二、校长是如何炼成的：踏实做事，用心管理 …(83)
　　三、治校经验：以爱之名，点亮留守儿童前行之路 …(90)
　　四、乡教负荷：何以"留"住学生，何以"守"住学校 …(95)
　　五、我的思考：构建家校社共同体，营造协同育人新氛围 …(100)

第六章　"后撤点并校"时代乡村校长的挣扎与坚守 …(105)
　　一、案主描述及初印象 …(105)
　　二、校长是如何炼成的：风雨三十载从教路 …(105)
　　三、治校经验：用心管理，以爱筑校 …(109)
　　四、乡教负荷：夹缝中求生存 …(112)
　　五、我的思考：乡村小规模学校的破局之策 …(115)

第七章　一名退伍老兵的教育之旅：40余年的坚守 …(122)
　　一、案主描述及初印象 …(122)
　　二、校长是如何炼成的：退伍不褪色，换装不换心 …(123)
　　三、治校经验：书写在乡村大地上的教育行动日志 …(130)
　　四、乡教负荷：戴着枷锁跳舞的乡村教育守护人 …(139)
　　五、我的思考：乡村教育诗意栖居的内律法则 …(146)

第八章　新时代校长打造乡村小学新名片 …(153)
　　一、案主描述及初印象 …(153)
　　二、校长是如何炼成的：乘风破浪，全力以赴 …(154)
　　三、治校经验：新时代乡村女校长的思与行 …(160)
　　四、乡教负荷：乡村教师队伍渴望新时代新标准 …(169)
　　五、我的思考：新时代乡村学校需要新名片 …(171)

参考文献 …(176)

后记 …(185)

第一章 绪 论

一、我们为什么关注乡村校长

陶行知先生曾说:"校长是一个学校的灵魂。"① 在全面落实乡村振兴战略、推进教育现代化的新时代,乡村学校的发展,离不开一大批高素质的乡村校长引领和推动,加强乡村校长队伍建设是缩减城乡教育差距、实现教育优质均衡发展的关键。早在 2013 年,教育部就印发了《关于实施农村校长助力工程的通知》(教师司〔2013〕91 号),力图提高农村学校校长的办学能力,打造一支政治过硬、品德高尚、业务精湛、治校有方的校长队伍。

社会环境的变化决定了个体的角色。根据廖其发对中国基础教育领导管理体制改革的论述,乡村校长角色在"文化大革命"后大致经历了四个阶段的变迁:(1)1977—1984 年。这一时期,教育的决策权在中央,乡村校长严格执行上级部门命令,以学校事务管理为主,没有话语权,乡村校长的角色是单一的执行者。(2)1985—1992 年。《中共中央关于教育体制改革的决定》明确了要在加强宏观管理的同时,实行简政放权,推行"校长负责制"。这一时期,我国乡村大部分地区确立了县、乡、村三级办学和县乡两级管理的体制,乡村校长开始关注学校的教育教学活动,他们的

---

① 陶行知. 半周岁的燕子矶国民学校[M]//陶行知. 陶行知文集. 江苏:江苏凤凰教育出版社,2008:126-130.

角色不再仅仅是执行者,还是管理者。但是,由于当时各级教育部门之间的关系还没理顺,乡村校长没有经费和人事等方面的自主权,工作难以开展。(3) 1993—2000 年。《中国教育改革和发展纲要》出台,进一步完善了分级办学、分级管理的体制,基础教育放归地方管理,地方可以根据本乡的实际情况办学,乡村校长拥有筹措和使用经费等自主权,乡村校长成为学校真正的管理者。然而,由于当时乡村基础教育在管理体制上"职责不明、权限不清的问题较为普遍"[1],大部分乡(镇)和村财力不足,教育经费短缺,造成乡村校长工作举步维艰。(4) 2001 年至今。进入 21 世纪,国务院办公厅发布《国务院办公厅关于完善农村义务教育管理体制的通知》,继续强调实行"以县为主"的体制,初步实现了从"农村教育农民办"到"农村教育政府办"的根本性变革,[2] 同时,"校长职级制"开始推行,乡村校长的角色更为多元,不仅是执行者和管理者,还是经营者和服务者,[3] 这正是本研究中所指的乡村校长。我们关注这一群体主要有如下两点原因:

一是乡村校长是学校发展的"领头羊"。正如苏联教育家苏霍姆林斯基所说,一个好校长,就是一所好学校。校长的水平和能力决定了一所学校的发展潜力。乡村学校与城市学校在硬件资源、配套资金和学生生源等方面都有巨大差异,造成乡村教师队伍不稳定、人才流失严重。虽然近年来我国乡村教师队伍建设工作成效显著,困扰乡村教师多年的工资待遇、职称等问题得到突破性解决,但是,乡村教师队伍仍然存在教育信念缺位、精神思想贫乏和生活实践困顿的问题。[4] 这些问题单纯靠外部环境、政策等手段难以妥善解决,还需要依赖于乡村校长从宏观上规划学校发展、引领教师成长、加强师德师风建设、推动教育教学改革,从而增强乡

---

[1] 《深化基础教育管理体制改革研究》课题组. 深化基础教育管理体制改革研究报告 [J]. 教育研究, 1998 (12): 22-29.

[2] 陈志伟, 时晓玲. 周济部长畅谈农村教育成就和目标 [N]. 中国教育报, 2003-09-16 (1).

[3] 黄远. 农村校长角色变迁研究——以 L 镇三位农村校长为例 [D]. 长春: 东北师范大学, 2016.

[4] 吴河江. 乡村教师意义世界的退隐与自我救赎 [J]. 当代教育科学, 2021 (7): 63-68.

村教师的使命感、责任感和荣誉感，推动乡村学校进入发展快车道。

二是乡村校长是乡村基础教育改革的"助推器"。2018年，《中共中央国务院关于全面深化新时代教师队伍建设改革的意见》指出要加强中小学校长队伍建设，努力造就一支政治过硬、品德高尚、业务精湛、治校有方的校长队伍。随着乡村振兴时代的到来，乡村教育和城市教育的差距不再是经济的贫困和外在条件的薄弱，而是思想的贫困和内部治理的落后。全面推进乡村教育改革，缩小城乡教育差距，离不开强有力的校长领导。而现有的乡村校长在职业发展上状态不佳，缺乏向上生长的发展动力，自我规划不足，对乡村文化认同感不高、归属感不强，不利于乡村教育改革的深入推进。① 因此，关注乡村校长所面临的种种困境，并提出对策建议，能有效促进城乡义务教育优质均衡发展，助推乡村基础教育的全面改革。

二、我国乡村校长的基本状况和总体特征

为摸清我国乡村校长队伍建设的现状、问题以及影响因素，我们对以"乡村校长"和"农村校长"为主题的1283篇文献进行了梳理，结合线上线下调研数据分析，在城镇化推进和乡村振兴的时代背景下，乡村校长以本科学历、中级职称的男性为主，普遍存在家庭经济压力较大、缺乏成长动力、晋升通道狭窄、文化认同感低和归属感不强等基本状况和总体特征。

（一）乡村校长的基本信息

1. 个人基本情况

从文献资料整理和数据分析情况来看，96%的乡村校长为男性，且一半以上为80后，党员占82%，学历层次大部分为本科。近几年，硕士及

---

① 张先义. 乡村校长职业发展的现实困境与突围之策[J]. 中小学管理，2021（2）：21-23.

以上学历的校长人数正不断增加。在职称上，乡村校长普遍为中级及以上职称。

2. 家庭情况

乡村校长的家庭基本情况是：有一个子女的占 67%，有两个子女的占 18%；家庭需要赡养的人口数量，超过两人的占 62%。因此，乡村校长普遍经济压力大，不仅要管理学校，还需要照顾小家，自我感觉收入偏低。

3. 工作及培训情况

2013 年教育部开始实施乡村校长助力工程，对乡村校长进行高层次培训，以提高其解决办学重点难点问题的能力和专业素养，为各地培养了一大批实施素质教育、推进乡村义务教育改革发展的带头人。但是，在全国范围内能接受此类培训的人数仅为 2 万左右，比例较小，大部分乡村校长接受的是本地区开展的校长岗位培训，占比约为 68%，仍有部分乡村校长因为各种原因未接受过培训。为提高乡村校长的业务能力，部分校长通过主持或参加课题研究的形式来提升自身素养，有 98% 的乡村校长曾经参加课题研究，其中，主持课题者占 21%。[①]

（二）乡村校长的素质

1. 学以致用的能力

根据调查结果，有 68% 乡村校长会利用各种学习、培训及会议等机会加强与上级主管部门、兄弟学校的沟通和交流，借鉴他人的成功经验，改进本校工作；有 60% 乡村校长认为自己能很好地把本职工作与相关培训和学习结合起来。从实际工作情况看，乡村校长都能很好地把学习与工作紧密相连，通过学习充分理解新时代党的教育方法、政策，并结合实际有效地开展工作。

2. 解决问题的能力

乡村校长在开展工作时往往容易面临复杂的情况，如留守儿童教育的

[①] 柴琳，陈坤华. 基于专业发展的乡村校长学习力：现实表现、受限因素与提升策略［J］. 湖南第一师范学院学报，2021，21（5）：44-49.

家长缺位、乡村学校教学资源不足、乡村教师职业素养不高等问题，乡村校长需要具备处理和解决这些具体问题的能力。调研数据表明，41%的乡村校长能结合实际工作解决问题，并积极开展反思，这其中有60%的校长能把学习与工作相结合，在学习中寻找改进工作方式、提高工作效率的办法。

3. 自主学习的能力

从调查情况来看，乡村校长的学习途径主要有如下几种。一是以团队学习为依托的探究性学习，如组织教师开展教学研究或与师生一道开展课外探究学习活动等。二是以参加各类学术会议为依托的交流性学习。在接受调查的校长中每年坚持参加全国性学术会议的占22%，参加省级学术会议的占31%，参加县域交流会议的占63%。三是以校内专题会为依托的工作研讨式学习。据调查，每学期组织2次及以上校内专题研讨会的校长占46%。四是直接读书。52%的校长长期坚持阅读，每月阅读量为2本的占7.7%、每月读1本的占44.6%。可见，大部分乡村学校校长都能较好地利用各种可能的途径、方式、方法和条件进行学习，体现了较好的自主学习能力。

（三）乡村校长的特征

1. 缺乏专业成长动力，自我要求不高

虽然新一代的乡村校长与老一辈的相比较，在学历和能力上都更胜一筹，但是，随着城镇化的不断推进，乡村校长在职业发展观念上也出现了动摇。理论上讲，乡村校长只有全身心投入工作，才能有效推进学校管理与创新。但我们在调研中发现，仍然有不少乡村校长向上生长的动力不足，缺少对学校发展的长期规划和办学自信，学生数量的减少、城市的诱惑，使不少乡村校长萌生了出走的想法；办学上遇到的困难，使乡村校长们丧失了锐意进取和破除羁绊的办学勇气，具体表现为：言语上存在抱怨、缺乏艺术，行动上反应迟缓、敷衍拖拉、回避矛盾。实际工作中，乡村校长势必会将这些消极行为传递给学校师生，进而影响师生成长的主动性和自信心。

2. 职业晋升通道狭窄，自我规划不足

目前，金字塔形的教育管理组织机构设置虽然为校长的晋升提供了发展通道，但由于管理层级过多，校长基本遵循着自下而上逐层晋升的发展路径，而且越接近塔尖，晋升难度系数越大；同时乡村校长能否顺利晋升，除要具备教育行政部门要求的任职资格、管理能力和教学技能外，还要看是否有晋升的岗位，否则即使符合晋升条件也没有机会。除此之外，当前实行的校长岗位责任制的管理模式，使得校长常常固守一所学校，缺乏横向流动的机会；即便有，也常因不同学校间存在行政级别差异阻塞了晋升通道，严重挫伤了乡村校长的工作热情。

3. 对乡村文化的认同感低，归属感、责任感不强

20 世纪乃至本世纪初，很多乡村学校校长都是本乡本村人士，这些人对家乡的归属感强，与师生和村民间有天然的亲近感和责任感。但新世纪以来，由于教师师范体系、教师补充方式的重大变革及干部教师交流轮岗等多种原因，很多乡村校长来自外乡外地，大部分校长都将家安置在城市或乡镇，每天上下班，过着一种"职业经理人"的候鸟式生活，缺乏深入了解和开发乡土资源的愿望和能力。有些乡村校长刚到学校工作后，便想尽办法早日逃离乡村学校，甚至有人以身患疾病、照料家庭、心理障碍等为由，请求上级教育主管部门将其调离乡村学校，根本无暇、无心、无力在乡村学校安心工作。

总的来说，随着城镇化进程的推进，乡村人口老龄化、留守儿童普遍化等社会问题日益突出。传统的乡村文化、乡村秩序正遭受城镇化带来的强烈冲击，乡村教育亦不例外。与此同时，乡村振兴又赋予了乡村校长更多的责任和担当，乡村校长所承担的角色正伴随着乡村校长职能的演化和乡村教育使命的不断拓展，呈现出多样化和复杂化的特点。校长们既是管理者，又是教育者，还是服务者和协调者，他们需要克服乡村中各种资源、环境、工作条件的制约，为办好乡村教育、培育乡村人才而不断付出艰辛的努力。在此背景下，乡村校长承受着物质和精神的双重压力，是继续坚守，还是远走高飞，是每一位乡村校长无时无刻不在思考的问题。

三、国内外目前关于乡村校长的研究

国内外研究者注重对乡村校长展开探索研究。国外研究者指出，乡村环境存在的特殊性影响了乡村学校发展和乡村校长能力发展，并分析了乡村校长能力的具体内涵，分析了影响其能力发展的主要因素，提出了相关发展路径；国内研究者在经济发展和国家政策推动城镇化进程的背景下，提出城镇化发展给乡村地区带来教育价值弱化、乡土文化背离等问题，让乡村中小学校长发展面临困境。研究者们对优秀乡村校长的特质、价值与功能，乡村校长的领导力、现实困境、发展路径等方面进行了探索。

（一）国外研究现状

一是关于乡村校长能力内容的研究。Branscum 等指出乡村校长需要掌握联系与服务社区的能力、学生人事服务能力、学生管理服务能力等，处理好学校与社区的关系，处理好学校内部学生、教师以及行政人员间的关系以及提高教育课程质量是乡村校长的重要任务。[1] Renihan 和 Noonan 的研究指出乡村校长应发挥对教学进行有效评估的作用，同时在制度层面支持促进乡村校长评估领导力的提升。[2]

二是关于乡村校长能力发展的影响因素研究。乡村校长面临特殊的乡村文化与环境，其发展与当地环境之间存在密切联系。国外研究者从个人、学校和乡村环境三个方面分析了影响乡村校长发展和留任的原因。从个人层面来看，存在个人经历、教育使命、家庭需求、职业抱负等因素；从学校层面来看，主要是在学校发展宗旨、学生流动性、同事关系、学校发展前景等方面；从乡村环境来看，城乡差异、社会性隔离、社区期望、

---

[1] BRANSCUM J D, BUTLER C E, DAVIS B. Competencies of rural Oklahoma school principals [J]. The High School Journal, 1982, 66 (2): 141-148.

[2] RENIHAN P, NOONAN B. Principals as assessment leaders in rural schools [J]. The Rural Educator, 2018, 33 (3): 1-8.

工作负荷和强度、专业支持欠缺、角色多样性等成为制约性因素，同时乡村女校长的成长阻碍因素较多。

三是关于提升乡村校长领导力的路径研究。Clarke 和 Stevens 指出乡村校长面临的挑战往往更加突出，提出要提高其可持续领导能力。① 研究者们认为拓展对乡村的了解能有效提高乡村校长领导力，强调战略规划作为一种有效治理手段对乡村校长的重要性，并提出国家政策的制定需要更好地适应乡村学校和乡村校长的发展。② 同时 Heather 和 Mark 对乡村校长培训类型及需求进行分析，发现大部分培训属于非正式培训，培训内容涉及专业社会化、信息决策和教学领导力以及组织社会化、与教员和家长的合作能力等。③

（二）国内研究现状

截至 2022 年 12 月 31 日，以"乡村校长"为主题词，通过 CNKI 检索，剔除无关文献后，共有 95 篇论文，其中属 CSSCI、核心期刊的共 31 篇。相关研究的学术关注度自 2020 年开始上升，综合分析如下。

1. 关于乡村校长领导力内涵研究

校长领导力的概念源于西方领导学和教育领导学，是指校长在领导学校确立目标、实现目标的过程中所展示出的综合能力，既包括校长对全校师生和周围环境的引导及影响，也包括校长在与全校师生相互沟通过程中和学校发展，环境变化时所做出的适应和调整行动。研究者们对乡村校长领导力的研究较为广泛，主要方向有教学领导、课程领导、社区领导等。具体来说：

一是校长教学领导力，是指在学校发展中，校长对学校师生在教育理

---

① CLARKE S, STEVENS E. Sustainable leadership in small rural schools: selected Australian vignettes [J]. Journal of Educational Change, 2009, 10 (4): 277-293.
② SCHLEBUSCH G, MOKHATLE M. Strategic planning as a management tool for school principals in rural schools in the motheo district [J]. International Journal of Educational Sciences, 2016, 13 (3): 342-348.
③ DUNCAN H E, STOCK M J. Mentoring and coaching rural school leaders: what do they need? [J]. Mentoring & Tutoring: Partnership in Learning, 2010, 18 (3): 293-311.

念和目标、学校制度和文化、教学活动等层面发挥影响的过程及其产生的结果。经分析发现：乡村校长"指导教学活动"的能力相对较强，其教学领导力对教师发展有显著影响，其中对教师工作满意度影响最大，部分领导力如"理念与目标领导"对教师工作状态有积极影响。① 此外，有研究强调校长的信息化教学领导力，是影响学校教学信息化成效的关键因素。② 二是研究者指出校长课程领导力具有现实价值和时代任务，提出为引领学校办学水平和教学质量不断提升，校长需要提高学校治理水平，具备卓越的课程领导力。要积极领导学校课程决策和规划，有效开发整合各类课程资源，有针对性地开展学校课程评价，带领团队进行课程教学研究。③ 三是乡村校长的社区领导力，是指在学校发展变革过程中，校长积极开发、利用乡村社区教育资源，引导社区参与乡村学校建设，促使学校和社区共同发展的综合能力，其实质是影响力，其特殊性表现在领导活动的社会背景、组织文化、领导对象等方面。乡村校长社区领导力在把握学校发展环境、完善学校治理结构、摸清学生校外状况、探索学校内涵特色发展方面具有重要现实价值。④ 四是乡村校长的价值领导力，是基于学校核心价值观对乡村学校师生及乡村社会价值观的规范、引导和整合能力，以乡村教师的价值建设、乡村学生的价值教育和乡村社会的价值引领为具体表征。乡村校长践行价值领导力，应澄清价值，树立崇高而明确的价值观；凝练价值，形成学校的核心价值观；引导价值，让学校核心价值观被学校师生共同认可；实践价值，将学校核心价值观物化为学校内部的管理制度，并融入学校具体管理工作之中。此外，借鉴国际经验，指出校长可持续领导力和元领导力对乡村学校发展、教师专业发展、教师留任的重要功能与影

---

① 吕蕾. 提升农村校长教学领导力 为乡村教师发展注入"内动力"——基于北京市18所郊区学校校长和1577名教师的调研［J］. 中小学管理，2019（2）：34-35.

② 赵磊磊. 农村校长信息化教学领导力的影响因素及提升路径——基于技术接受视角的实证研究［J］. 湖南师范大学教育科学学报，2018，17（5）：25-32.

③ 于冰，邬志辉. 校长课程领导：新时代基础教育高质量发展的重要支点［J］. 社会科学战线，2020（9）：240-246.

④ 姜超，邬志辉. 乡村校长社区领导力的现实价值与提升策略［J］. 基础教育，2020，17（1）：41-46.

响,强调以激发校长领导力来提高学校管理效率。[①]

有研究借鉴"洋葱模型"素质理论,从核心特质、内隐特质和外显特质三个层次剖析乡村优秀校长的特质与具体表现,即:扎根乡土的教育情怀是促进其不断成长和推动学校发展变革的内驱力,是乡村优秀校长的核心特质;博学笃行的谦逊人格是乡村优秀校长的内隐特质;在核心特质和内隐特质的引导下,专业化引领乡村学校课程教学改革、创新全员参与式学校管理、实现与社区良性互动,这种勇于创新的专业才能彰显了乡村优秀校长的外显特质。三种特质由内而外层层递进、相互作用,共同形塑了优秀乡村校长独有的个人特质。[②] 同时,优秀乡村校长大都具备问题解决思维、愿景思维、利他思维、合伙思维等积极理性的正面思维方式,拥有对教育事业的坚定信仰、相信每个人都有进取之心等,这都是影响其形成正面思维方式的重要内在因素。[③]

2. 关于乡村校长的价值与功能研究

研究者指出,乡村校长对乡村发展、乡村教育发展以及乡村教师专业发展都具有重要的价值。一方面,研究特别提出乡村校长的价值引领和示范对我国乡村教育振兴具有重要作用,强调乡村校长必须正视乡村学校与乡土文化疏离的现实问题,重视乡土文化的重要作用。必须认识到让乡土文化滋养乡村学校发展,对乡村学校的内涵特色发展、创新生成新乡土文化和长效促进乡村振兴均意义重大。[④] 乡村校长可以在乡土特色校园文化创建、乡土校本课程开发与实施、乡土社会资源利用、通过行动研究赋能等方面着力,充分运用管理策略,历练提升治校智慧,让乡村学校"在乡村""是乡村""为乡村",推动乡村学校内涵特色发展,推动乡村振兴。[⑤] 另一方面,部分研究者通过实证研究发现乡村校长教学领导力对教师发展有

[①] 张福平,邬志辉. 乡村振兴视域下乡村小规模学校振兴的国际经验[J]. 比较教育学报,2022(3):24-36.

[②] 张兰婷,张莉,李为民. 乡村优秀校长特质的个案研究[J]. 教育学术月刊,2021(11):91-99..

[③] 曾佑惠. 正面思维:让乡村校长能"做成事"[J]. 中小学管理,2020(8):35-37.

[④] 周晔,徐好好. 乡村校长的文化使命:让乡土文化滋养乡村学校发展[J]. 中小学管理,2021(2):18-20.

[⑤] 李统兴. 乡村校长推进学校文化建设的关键点[J]. 中小学管理,2021(2):15-17.

显著影响,强调乡村校长要重视对教师专业发展的方向引领与制度设计。[①]

3. 关于乡村校长面临的现实困境研究

由于乡村环境的特殊性,乡村校长在其职业发展过程中面临复杂情况,不仅在学校办学过程中遭遇困境,同时在自身发展和能力提升方面也存在阻滞因素,相关研究如下。

一方面,21世纪教育研究院对中、西部11县的乡村中小学开展的问卷调查结果显示,城镇化进程中乡村中小学校长发展面临困境。[②] 随着我国城镇化进程不断推进和户籍制度的改革,学生流向城市,导致出现"农村空心校"以及相对的区域或层级教育不公平现象,乡村学校的发展面临新问题。具体表现在:宏观形势与政策导向不匹配、乡村中小学资源有效供给不足、乡村中小学校长实际作用与政策地位严重失衡、乡村中小学校长职位满意度降低、校长专业成长的条件束缚、乡村中小学校长政策安排的非理性选择以及在教育评价政策执行过程中面临上级命令与下层抗阻双重挤压等。乡村校长办学面临资源与环境双重制约的两难境地。[③]

另一方面,研究者们通过项目评审、问卷调研、座谈访谈、走访调研及现场观察等方式,在研究过程中发现乡村校长专业发展基本情况较好、工作幸福感相对较高、注重学习研究、专业发展期待较高。但与此同时,乡村校长在工作过程中也存在职业发展状态欠佳的情况,面临着自我发展的困境,主要表现为学历偏低、工作压力大、自我规划不足、科研能力待提高、专业职责胜任度亟须提升、培训规范与效力不足、乡村文化认同感低、归属感责任感不强。同时,研究者认为缺乏能放手做事的环境、缺乏鼓励创新创优的评价机制、缺少来自家庭和社会的有力支持,影响了乡村校长自我能力提升。[④] 此外,刘杨、张佳(2020)通过实证研究,探讨了

---

① 吕蕾. 提升农村校长教学领导力 为乡村教师发展注入"内动力"——基于北京市18所郊区学校校长和1577名教师的调研[J]. 中小学管理,2019(2):34-35.
② 杨柳,张旭. 城镇化背景下乡村中小学校长发展境遇的现实省思——基于全国11县208所乡村中小学校长的调查[J]. 上海教育科研,2017(5):28-32..
③ 闫闯. 乡村小学教育评价政策执行的主体困境及规避[J]. 当代教育科学,2022(5):79-86.
④ 陈丽. 乡村校长要成为"自我发展者"——基于河北省所有地市乡村校长代表调研的思考[J]. 中小学管理,2020(8):23-25.

乡村中小学校长的心理韧性、职业延迟满足及自主性的关系，得出乡村中小学校长在应对困境的过程中，心理韧性可以通过职业延迟满足对个体的自主性产生积极的影响。①

4. 关于乡村校长发展的路径研究

在理念层面，研究者提出乡村校长要成为"自我发展者"，② 鼓励乡村中小学校长自主办学，提出乡村校长应抓主要矛盾，突出重点与特色，探索符合学校实际的文化建设之路，着力发掘乡土文化特色；③ 提高乡村中小学校长的身份自觉意识，树立振兴乡村地区"教育梦"的坚定信念；④ 要提升自我发展规划能力、学习能力与研究能力，确立职业化观念而致力于上级命令与下层抗阻之间的调和融通。⑤ 在组织层面，提出构建学校发展共同体、优化管理考评机制等。⑥ 在条件保障层面，提出加强政策扶持与制度落实，提高福利待遇，提升职业满意度，关照乡村教育实践的特殊性等。⑦ 在具体措施方面，研究者们提出通过设计活动、加强学习、搭建平台以及批判自省等方式提升乡村校长领导力，特别强调通过培训促进乡村校长专业化成长，根据实际问题和需求，有针对性、高质量地开展乡村校长培训项目和培训计划。研究发现校长们对营造育人文化、领导课程教学等培训内容最为关注，其培训需求强度与任职时间成反比，与学历水平成正比。⑧ 还有研究提出加强对乡村校长的全面培训；加强培训前的调查与研究，精准定位培训目标；按学理之需与参训者的主观之需供给培训资源；设计理实结合的培训内容；推进培训中的启蒙，帮助参训者建立乡村

---

① 刘杨，张佳. 乡村中小学校长心理韧性对自主性影响的实证研究——工作延迟满足的中介作用 [J]. 基础教育，2020，17（6）：48 - 58.

② 陈丽. 乡村校长要成为"自我发展者"——基于河北省所有地市乡村校长代表调研的思考 [J]. 中小学管理，2020（8）：23 - 25.

③ 李统兴. 乡村校长推进学校文化建设的关键点 [J]. 中小学管理，2021（2）：15 - 17.

④ 王淑宁. 城镇化进程中乡村中小学校长发展困境的归因与突破 [J]. 教学与管理，2018（15）：32 - 35.

⑤ 闫闯. 乡村教师乡贤身份自觉：价值、困境与突围 [J]. 当代教育科学，2021（12）：3 - 12.

⑥ 张先义. 乡村校长职业发展的现实困境与突围之策 [J]. 中小学管理，2021（2）：21 - 23.

⑦ 杨清溪，邬志辉. 校长领导力：乡村教育发展的新动能 [J]. 教育发展研究，2018，38（24）：41 - 47.

⑧ 许占权，何家仁. 乡村中小学校长需要怎样的培训"大餐"？——基于岭南地区429名乡村中小学校长培训需求的调查 [J]. 中小学管理，2018（8）：41 - 43.

教育家成长自信;① 提升任职时间长、学历低的校长的培训参与意愿;教学创新化,探索适切的培训方式方法;实行返岗实践中的督导,确立终身制的培训关系;设计精细化,提高培训组织管理实效,精准培训,提升培训效果,助力乡村校长成长为乡村教育家。②

与此同时,乡村校长的领导力提升路径也颇受学者关注。当前,乡村学校校长领导力提升面临着传统认识误读、向城惯性牵制、乡村教育环境复杂等诸多挑战。③ 针对乡村校长领导力提升重要性以及内外部发展现状,研究者们从不同方面提出提升策略:从外部环境来看,提出关照乡村教育实践的特殊性、加强乡村校长队伍建设、开展乡村校长领导力专题培训,提出"让有能力的校长冒出来"和"让冒出来的校长能力可持续增强";④ 从内部自我发展来看,提出了坚持专家领导的校长定位、管理为伴的领导方式、简约高效的领导过程,强化乡村校长的个人修炼,重视对教师专业发展的方向引领与制度设计,以信息技术为动力支持、以合作共赢为最终目标、以积极心态为制胜法宝等。⑤ 在具体措施方面,如提出结合空间社会学的视角,在城镇化的进程中乡村校长应具备情境智慧,将内部治理建立在对情境认知的基础之上,破解当下固化的"领土法则",传递"人中人"的培养目标,涵养乡土文化等。⑥ 已有成果为后续研究奠定了坚实基础,但仍然留有以下研究空间:一是缺少从乡村振兴需求特征的角度切入的对乡村校长的研究;二是缺少从乡村居民、学校师生等多主体视角出发的对乡村校长的探索;三是对湖南的情况缺乏有力研究成果,没有针对湖

---

① 周大众. "农助工程"与乡村教育家成长:未能与可能 [J]. 教育理论与实践, 2022, 42 (7):40-45.

② 王成龙. 社会角色理论视角下西部乡村中小学校长培训内容重构 [J]. 中国成人教育, 2022 (24):70-74.

③ 杨清溪, 邬志辉. 校长领导力:乡村教育发展的新动能 [J]. 教育发展研究, 2018, 38 (24):41-47.

④ 王帅, 凡勇昆. 激发乡村学校办学活力的治理之道 [J]. 教育发展研究, 2020, 40 (Z2):46-53.

⑤ 周静, 周正. 新时代乡村校长领导力提升的现实阻碍与自我修炼 [J]. 中国成人教育, 2021 (9):74-77.

⑥ 沈伟. 城镇化背景下的校长领导力:基于空间社会学的考察 [J]. 教育发展研究, 2018, 38 (18):45-52.

南省的乡村校长情况研究；四是现有研究提出了许多乡村校长发展的具体措施，但从制度政策等宏观层面出发的研究仍有待深入探索。

四、为什么选择这 7 位校长

(一) 7 位校长简介

本研究共涉及 7 位乡村校长，组成 7 个故事。这 7 个故事既有个性，又有共性。7 位校长具体情况如表 1-1。

表 1-1 7 位乡村校长的具体情况

序号	姓名	性别	出生年份	地区	所在学校类型	教龄（年）	任职校长时间
1	朱良娅	女	1978 年	湖南省岳阳市	乡镇中心小学	27	2016 年
2	欧阳曙东	男	1980 年	湖南省衡阳市	乡村中学	24	2019 年
3	蒋龙霞	女	1986 年	湖南省邵阳市	乡镇中心小学	15	2021 年
4	陈腾	男	1978 年	江苏省盐城市	乡镇中心小学	26	2020 年
5	陈付明	男	1971 年	湖南省张家界市	教学点	33	1997 年
6	佘勇	男	1961 年	湖南省张家界市	乡镇中心小学	45	1985 年
7	曾艳军	女	1980 年	湖南省邵阳市	乡镇中心小学	24	2019 年

(二) 7 位校长的选择

本研究主要采取"目的性抽样"，即按照研究的目的抽取能够为研究问题提供最大信息量的研究对象。[1] 根据样本的特性，我们主要采取了同质型抽样和分层目的型抽样，辅之以偏差型个案抽样和效标抽样。

首先，本研究通过"同质型抽样"选取了乡村校长这一群体作为研究对象。乡村校长作为乡村学校发展的领头羊、基础教育改革的"助推器"，

---

[1] PATTON M Q. Qualitative evaluation and research methods [M]. London：Sage Publishing，1990.

是实现城乡教育一体化和乡村振兴的关键力量，是乡村教师队伍中有很大研究价值的内部群体。其次，我们采取了"分层目的型抽样"，按照个人情况、地域情况和专业情况三大方面以及其下设结构因素，将乡村校长分层，再在不同的层面进行目的型抽样，以期通过比较达到对这一群体总体异质性的了解。个人情况主要涵盖年龄及性别。从年龄结构上看，我们的样本较为齐全，有1位60后案主、3位70后案主和3位80后案主。从性别结构上看，我们的研究样本也较为均衡，有4位男性乡村校长和3位女性乡村校长。从地域情况上来看，有1位来自经济发达的江苏省，即7号案主陈腾校长。我们期望通过对他的叙事研究，看看在经济发达地区，乡村教师的经济待遇得到了保障的情况下，乡村教育发展是否不一样的光景，又是否还有一些其他的问题，作为省内乡村教师队伍建设研究的补充对照。其余6位案主均来自湖南省，其中有2位来自省内经济水平中等地区，4位来自省内经济欠发达地区。专业情况主要包括学校类型、教龄、学段等结构性因素。从学校类型上看，乡村学校主要分为乡镇中心学校、村小及教学点，我们的案主有6位来自乡镇中心学校，1号案主朱良娅校长曾在村小任职，后调至平江县南江镇中心小学；5号案主陈付明校长所在的学校曾是村小，后因为生源缩减，变成了教学点。从教龄结构上看，我们的样本较为完整，有1位10年以上教龄的校长，4位20年以上教龄的校长，1位30年以上教龄的校长，1位40年以上教龄、扎根乡村的校长。从学段结构来看，我们有6位案主来自小学，1位来自初中。再次，我们通过"偏差型个案抽样"，选取了5号案主陈付明校长。他现在是教学点的负责人，在他的职业生涯中，曾有多次到乡镇中心学校任职的机会，但他都拒绝了。我们希望通过这一案例探析乡村校长主动留守教学点的原因。最后，通过效标抽样，我们选取了7号案主曾艳军校长。效标抽样指的是事先为抽样设定一个标准或一些基本条件，然后选择符合这个标准或这些条件的个案进行研究。[1] 抽样设计时，我们期望找到做出了一定

---

[1] 陈向明. 质的研究方法与社会科学研究[M]. 北京：教育科学出版社，2000：108-115.

成绩、有创新意识、可称为新时代典范的乡村校长，而在网上已小有名气的"西瓜校长"曾艳军正好符合条件，因此我们力邀她加入我们研究。剩余的 5 位校长是课题组成员根据抽样缺口，在从事教育工作的亲朋好友中筛选，或通过教育圈的好友介绍认识的。我们尽量规避了通过教育行政部门的官方渠道联系，以期打消影响案主们的业务考核顾虑，以便更好地建立访谈关系和保证教育故事的真实性。

第二章　志美行厉的乡村赋能者

她出生于"村干部世家",从小就立志用毕生所学来回报自己热爱的家乡。星霜荏苒,她奋楫笃行二十载,从一名优秀的中学教师蜕变为乡村校长;玉汝于成,她仅用了三年,便将排名垫底的"老破村小"建设为德智体美劳兼优的"排头兵";厚积薄发,她转战中心大校,又用三年将南江镇中心小学打造成乡村特色校;大道行思,她凭借优异的治校成绩被选为市人大代表,呼吁关注乡村教育症结,为乡村弱势儿童撑起一片蓝天,用自己的力量为乡村教育赋能。

一、案主描述及初印象

朱良娅,女,群众,1978年生,岳阳市平江县南江镇人。1996年从岳阳师范学校(中师)毕业,2004年取得自考本科文凭,教龄已满26年,其间担任校长6年。任职校长期间,前3年在南江镇昌江小学担任校长,该校在校生规模不足300人。现任湖南省岳阳市平江县南江镇中心小学校长,该校现有师生1900余人,是一所大校,也是平江县有名的重点小学。

由于疫情和档期安排的冲突,我们与朱校长的初步访谈是在线上进行的。在正式访谈之前,我们曾预设过一些问题,诸如刚和校长交流的时候会不会不太顺利,由于职业习惯,校长回答问题时会不会比较官方、不够深入等,然而当电话接通,听到朱校长温和声音的那一刻,我们所有的惴惴不安马上烟消云散了。"既然你们是要做研究,那我一定说真话!希望你们可以通过我的故事更多地了解乡村小学的真实情况、了解当地的教育生态环境、了解乡村教育质量提升的复杂性。"

朱校长的经历是特殊的,她是为数不多的短期内同时具备偏远的"老破村小"和"中心大校"工作经验的校长。对于一路走来的半生时光,朱良娅坦言:"我一开始并没有想着要去做校长,只想教好书,当好班主任。"2015 年,朱良娅在中学当语文老师兼班主任,并担任八年级年级组长。她带领 10 个班和 37 位同僚为学校的"生地会考全县之战"争得了第五名的好成绩。经此一战,老校长升迁为学区主任,他给朱良娅致电时说道:"以你的能力只做个老师可惜了,去昌江小学任校长试试吧。"她波澜不惊地诉说着自己的经历,我们却听得心潮澎湃,于是迫切地传达了面谈的请求。

2022 年国庆节前夕,我们收到了朱校长的消息,第二天她刚好有空,之前几次的约定都因为朱校长公务繁忙而作罢,我们怎会错过这次来之不易的机会? 南江镇中心小学坐落于天岳幕阜山下,西邻南江河,距离高速口不到 10 分钟车程。伴随着导航语音,我们的车拐进一条仅一车宽的小道,道路左边就是水渠,在之前的访谈中朱校长提到过这是学校很大的安全隐患,她组织家长和老师每天护学站岗,保障孩子们平安上下学。正想得出神时,红砖金字的石碑映入眼帘,南江镇中心小学到了。在校门口进行人员登记之际,我们好奇地向里张望:崭新的塑胶跑道、"读书做人报国"的校训石、红梁黑瓯的尚书亭和孔夫子石像一览无余。朱校长在结束了课程之后匆匆赶来迎接我们,她身着简单的棕色衬衫和黑色长裤,衬衫上有几滴水渍。初秋的日头还是有些微晒,她也不遮挡,笑脸盈盈地向我们走来,小麦色的皮肤,舒展的眉眼,眼睛下两条卧蚕若隐若现。她和我们亲切地握手,没有过多的寒暄,便给我们介绍起校园:"南江镇中心小学在校生规模很大,目前师生 2000 有余,学校空间显得比较狭小且扩展受限。"学校一共有四栋教学楼、一栋两层的食堂和一栋教师宿舍,其中主教学楼较新,是 2016 年投入使用的,其余都是老楼。学生的学习和课后服务主要是在主楼,里面计算机室、实验室、活动室等专业教室,一应俱全。她一边介绍,一边捡起地上的纸屑扔进垃圾箱,动作娴熟。教室里,孩子们身着统一的校服正认真地听课,看到有陌生人来了,忙把身子挺得笔直，好奇的眼神出卖了他们的小心思。教室里、走廊边挂满了学生的绘画和手抄报，内容天马行空、丰富多样。我们注意到，每个班学生的人数都很多，教室都被课桌椅塞得满满当当。朱校长告诉我们："我上任后实行阳光招生，学生人数还减少了许多，以前学校教室都不够用。"参观完校园后，我们在学生活动室对朱校长进行了深度访谈。朱校长为人朴素，一整日我们都不曾见过她身边跟过什么人，从清理校园垃圾到端茶倒水都亲力亲为，仿佛自己不是一方大校的校长，而是乡村小学的一名普通老师。在我们的感慨中，她笑了笑说："我是农村出身的，做事就是这样的风格。"从和朱校长的交流中，我们了解到了乡村学校办学的艰难和大小校办学的异同，对乡村教育也有了更为全面的认识。

二、校长是如何炼成的：脚踏实地的"后进生"

（一）二十载中学教师光阴

朱良娅出生于普通的农民家庭，爷爷和父亲都是村干部，为乡村奉献了一生，受家庭影响，她对家乡的感情很深。"读小学的时候，我爷爷是村长，那时候他带领全村创办企业，开橘园创收，80年代我们村的橘子批发价就有1块多，在全国都非常有名。我爷爷的事迹被收录在一本叫《橘人颂》的书里。"作为村干部的爷爷十分重视教育，在村里修建了当时十里八乡条件最好的小学，学校里不仅有实验室，还有金属黑板。"我爷爷的教育理念就是：'做人必须要劳动，但是如果孩子在读书写字，就可以暂时不劳动。'那个时候，所有的老师都喜欢去我们村里教书，因为教学条件好又有橘子吃。"童年在学校的快乐经历让朱良娅潜意识里羡慕起教师这个职业。"我的启蒙老师对我影响也非常深远，直至现在，他仍在我以前就读的小学教书。"在优秀的启蒙老师的影响下，年幼的朱良娅更加觉得教师是个神圣而光荣的职业。长大了一些后，她越发认识到了乡村女孩教书的好处——工作体面又能养活自己。于是中考后，分数不错的她在众多专业中毫不犹豫地选择了师范专业，就这样走上了教师之路。

"当年从中师毕业后，和我同一届分配回来的三个女孩子到现在都在乡村，我们从来没想过要离开南江。"在做校长前，朱良娅在南江镇某中学做了 20 年的教师兼班主任。"除了休产假之外，我一直都在当班主任。"她所在的教学团队每年带的毕业生都是平江县中考的第一名，一共持续了 8 年。回想在中学教书的那段时间，她很感慨，老师们都很有冲劲，做事情追求卓越，不计回报，成长也很快。朱良娅教学经验丰富又踏实肯干，这些老校长都看在眼里。2015 年，她被任命为八年级的年级主任，带领十个班的学生以及 37 位教师备战生物、地理会考。"我从来没教过生物、地理，心里非常没底，还要担任好几个班的语文和政治老师，还好同事们都非常配合我的工作。"那一届会考，平江县 50 多所学校参加，朱良娅所在的中学冲进了前五名，取得了历史性的好成绩，直到现在这个纪录都未曾被打破。上级看到了朱良娅的管理才能，2016 年，昌江小学校长的位置空了出来，老领导接到这个消息，即刻打电话给她询问意见。朱良娅清晰地记得："领导打电话来的时候我正在吃午饭，他要我一个小时以内给答复，没有经过太多的思考我就同意了。"那一年，她已经 38 岁，上有双方父母要照顾，下有两个女儿正读高中和小学，此时当校长如何比得上起步早的青年？回到家，朱良娅愈发觉得自己应允得太过冒失。"我是一个只盯着脚下之路的人，没有想过突然有机会做校长，一时之间压力倍增。当天晚上我打电话给老领导推脱，说需要一年时间过渡一下，但是已经来不及了，任命意见已经上报了。"

临近不惑之年成为校长，朱良娅可谓是彻彻底底的"后进生"。一切从"零"开始，她只能安慰自己，当小学校长应该还是比较轻松的，管理工作自己应该也会得心应手，但是事实却并非如此。

（二）三年校长初体验

初到昌江小学，现实给了朱校长当头棒喝。当时的昌江小学，校舍狭小陈旧，办学条件艰苦。操场晴天尘土飞扬、雨天泥泞不堪，教学楼总是漏水，门窗破败不堪，食堂没有餐桌椅，师生们只能站着吃饭。除此之外，还面临着师资结构性短缺、教师教学态度散漫、家校关系紧张、教学质量滞后等一系列问题。"我第一次去学区开校长工作会议时，一直被领导发'红牌'警告，昌江小学的现状让人根本想不到它曾经还是一所乡村中心小学。"这么多令人头痛的问题摆在面前，朱校长内心充满了彷徨和焦虑："我的性格比较轴，已经接受了的事情，再苦再难也要想办法把它做好。"

新官上任三把火，朱校长首先通过带头教学和狠抓管理让昌江小学的教学质量实现了飞跃。

故事1　昌江小学教学改革记

2016年，朱良娅刚到昌江小学任校长，那时学校在全学区的成绩常年在倒数十名之内，提升教学质量的任务迫在眉睫。想抓好教学，教师是关键。当时昌江小学的教师大致可分为三类：一类是刚刚通过特岗招聘分配过来的年轻老师，这类非师范生经验不足，但好奇心和学习能力强；另一类是年龄较大、临近退休的老教师，他们有一套自己的为人处世模式，很难主动改变；最后一类是能力不强或者天生残疾的中青年教师，他们冲劲小，开展教学改革的动力不足。有些老师懒散惯了，可以一个学期不备课，不批改作业，还有的老师白天聚集在书法室喝酒，经常无故旷工旷课。召开教职工大会休班整队刻不容缓。

朱校长把大家召集到一起，提出整顿教学的几点意见。首先，重开早自习。孩子们要养成早读的习惯，来了学校就进教室，进了教室就开始读书。每天早上朱校长都会第一个到校，站在学校门口查早读和迟到情况，迟到的同学需要到校长办公室报到。其次，大力开展公开课及教研活动。每个老师每学期必须上两次公开课，不仅仅是校内公开，还欢迎全学区其他学校的老师来听课。学期末进行教学绩效奖惩制。朱校长带头选了排名垫底的班级教数学兼班主任（昌江小学数学成绩最差），她表示："老师们不愿意教的班级我来教，老师们不愿意搭档的同事我来搭。不管是教研课还是公开课，一切事情我都带头去做，他们有再多怨言也说不出口。"最后，狠抓管理，严查常规。除了每天早中晚三次巡查校园，朱校长还会在自己没课的时候抽检课堂，看看教师们是否按时到岗教学、备课和上课是否认真、是否存在体罚学生等问题。在这样严格的管理下，师生们开始改变。一年之后，学校面貌焕然一新，昌江小学在学区质量抽测中排名前十的科目从以前的 1 个增加到 11 个，朱校长所带班级数学成绩从全学区 29 名一跃成为第 7 名，学校整体排名从 20 多名提升到了全学区的第 4 名。校风学风渐渐好了起来，朱校长在当地村民间的话语权也更高了。

故事 2　将心比心　锁住人心

朱校长做事情虽然雷厉风行，但她从不在面子上争高低，而是看准教师的需求，精准出击。在她看来，管理措施如果一味地收紧，效果只会适得其反。管理需要技巧，更需要将心比心。

昌江小学有一位教学能力很强的樊老师（化名）不爱备课。"直到现在，我对他的印象都非常深刻！"朱校长无奈地笑着说，"有一次，我走到他办公室想要检查他的常规工作。他很错愕地说：'我没有嘞。'我问：'您没有备课是怎么上课的呢？'他回答：'我教了这么多年书，要备课干什么呀？'我指着他们办公室墙壁上的日常工作要求说：'您看看！上面明确写着：不仅要备课，而且要提前备课，及时备课，备好课，不能做无准备的老师。'他被我念叨得有点不耐烦了，头也不抬地随口回复我：'行，下次我备好咯。'我知道他是想搪塞我，只好作罢，另想办法。"第二天，朱校长到樊老师的课堂听课，她发现，樊老师在上过了的单元里随意找了两道题写在黑板上，讲完后又冷不丁地在另一个单元扯一道题目来讲，明显就是没有备课，课堂效果也不好。下课后，她堵住了樊老师："您今天这几个题目讲得真好。"肯定了他的教学能力之后，朱校长又柔和地说："但是您今天到底是在讲哪个单元、哪一个主题的课呢？我好像不太清楚您这堂课的知识点是什么。如果随意地抽三个题目来讲，孩子们的知识没有办法形成完整的链条。您的教学能力这么强，只要提前备好课，课堂效果一定会更好的。"通过朱校长一个月不厌其烦地查课和听课，樊老师终于开始认真备课了。

"有的老师批评归批评，但是如果他们有需要帮助的地方，我都会主动都他们解决。"在安排教学任务时，有些老教师年纪大了，教不动跳脱的一年级新生，也不愿教任务繁重的六年级毕业班，朱校长就会主动和他们搭档，并且接下两头的班级，久而久之，老师们心里都会顾念校长的好。朱校长表示，对老师们严格要求的同时也要多关心和帮助他们，多体会老师们的难处，人心都是肉长的，他们也会更支持她的管理工作。

学校成绩上来后，来参观的领导多了起来，一位老教师感慨地说："老师们不努力都不好意思了，我们校长肩上担子那么重，但是她的课又上得那么好，班级成绩也名列前茅，我们怎么可能躺平呢？"

与此同时，朱校长也一直为改善昌江小学的办学条件而奔走。上任之初，师生们在食堂只能站着吃饭，这是让朱校长最痛心的一件事。她不断到局里争取项目，跑村、镇两级政府拉援助，希望能够解决餐桌问题，让大家能够坐下来舒舒服服地吃一顿饭，后来总算通过乡友的两万元筹款解决了。通过朋友介绍，她联系到了深圳的公益机构，成功获捐十台电脑、300多套校服，还有孩子们喜欢的各类图书。昌江小学的老校舍陈旧狭小，屋顶常年漏雨，已经无法再整修，只能推倒重建。朱校长反复去县发改局争取款项，随着昌江小学教学质量的不断提升，她的提案逐渐受到领导的重视，终于在2018年，朱校长争取到了300万元的修建款以及政府上百万的配套款项。在她离任时，昌江小学的硬件改造工作已经启动，她也一直持续关注着。截至目前，昌江小学的新校门、综合楼、食堂已经修建完毕，仅剩相关配套设施有待完善。

朱校长的付出当地村民看在眼里，在她离任时，当地村支委和学生家长都很舍不得她，昌江小学的孩子们哭成一片。"在那里的三年，确实做了一些事，也吃了一些亏，真的付出了很多很多的心血。其实那段时间是很辛苦的，我的神经没有一刻放松过。"

（三）大平台的难处：如何稳中求进

朱校长在短短三年内，让昌江小学改头换面，备受上级领导瞩目，2019年8月底，她被调至南江镇中心小学担任校长。这所小学与昌江小学截然不同,是当地的一所百年老校,有着较为深厚的办学底蕴,教学质量在全县广受美誉。学校规模较大,共有40个班级,2200多名学生和102位教师,校园面积仅为18000平方米。《湖南省义务教育学校办学标准》(湘教通〔2016〕4号)中明确指出,农村普通小学规模在30~45个班级的,生均占地面积14.68 m^2/人为基本达标。南江镇中心小学的生均占地面积远远低于省级标准,学生活动空间很受限。与昌江小学相比,作为南江镇中心小学的校长需要兼顾的方面更多,学校如何发展、如何管理、如何办出特色,对朱良娅来说都是很大的挑战。她面临的第一大挑战,就是如何缩减生源。"我来南江镇中心小学任职的时候,2019年招生的工作已经基本完成了,但是我的电话铃声却从来没有停过。"不断地有人通过各种关系渠道和朱校长联系,想要入学名额。"上一任老校长也深受招生困扰,甚至到了七八月份就会将手机关机,有的家长还会跑到家门口堵他,简直太疯狂了。"如果继续执行原有的招生政策,不出两年学校将会面临教室严重不足的问题。于是朱校长下定决心,招生改革的问题不能再拖,在争取了当地政府和学区的支持后,她牵头拟定了"阳光招生"政策,只有符合条件的学生才能入校,从2020年开始正式实施。实施之初,新政策受到当地乡民的激烈反对,有些家长每天到朱校长的办公室门口蹲守,恳求不成便进行人身威胁,还有的甚至跑到她父母家大吵大闹。其中还有一个小插曲:在朱校长上任之前,南江镇中心小学有一支家长和附近商户组成的义工队,每日负责学生放学的安全保卫工作。在进行阳光招生时,某些家长以自己为学校做过贡献为由,央求朱校长给一个上学的名额,朱校长不肯答应。后来,为避免请托再次发生,朱校长毅然决然地解散了义工队,改为由家长和教师轮班保护学生上学、放学安全。后来通过地方网站和社交软件等平台广泛宣传,乡民们慢慢接受了现实。到2022年国庆日,南江镇中心小学的学生人数缩减至1900多人,教室不再拥挤,教师能够更自如地管理课堂,学校的教学质量更是一片向好。

故事3 一心悬两头,有苦只自知

2019年对朱校长来说是最黑暗的一年。那年8月,她被调到南江镇中心小学,为尽快适应新岗位,她起早贪黑,全身心扑在学校,对外全力推动阳光招生改革，对内组织家长、教师轮班站岗守护孩子们放学安全。学校局面还未打开，10月，她家里又传来了坏消息。

"暑假的时候，我父亲的脸上有点浮肿，在南江医院并没有查出什么问题。"由于学校事务太过繁忙，朱校长当时委托妹妹陪着父亲再去长沙湘雅医院做一次详细的检查，依旧没有检查出什么问题。"后来偶然间，我看到父亲在田间摘菜，他把头抬起来的时候嘴巴乌青乌青的，整张脸红肿着，呼吸也比较急促。我赶忙问我妹妹，上次去湘雅体检的时候有没有检查心肺，这才得知，由于不久前在南江医院已经检查过心肺功能了，因此在湘雅医院就没有查。"朱校长回到家越想越不放心，她委托自己的丈夫带父亲到湘雅医院重查心肺。这次复查发现父亲已经是肺癌晚期，肿瘤长在肺门位置，直径太大，很难切除，只能吃靶向药治疗。

屋漏偏逢连夜雨，老父亲住院治疗期间，朱校长的婆婆又被车撞伤了。"同一家医院，这边是我婆婆，那边是我的父亲，两个卧病在床的长辈需要照顾，那段时间真的是心力交瘁。"为了不影响工作，她强忍着悲痛，瞒着所有的领导和老师，装作若无其事，照常上班，利用晚上和周末，去医院陪伴看望老人。不幸中的万幸，那年末由于新冠疫情，学校到次年4月20号才开学，在那一段时间，她可以边工作边照顾家人，陪伴父亲度过人生最后的时光。"他才60出头，我们几个女儿都不敢去给他买寿衣。直到有一天早上，我看他精神忽然特别好，胃口也好了起来，我觉得不对劲，赶忙叫我爱人带我去买寿衣，一路上还在处理工作。3月1日，我父亲临终前，我还在打电话询问日常防疫数据的上传情况。"

听完朱校长的故事，我们沉默良久，内心五味杂陈。朱校长似乎已经释然，她波澜不惊地说道："这是我处于校长这个位置上必须要有的担当，也是家庭生活中作为中年人的责任。哪怕再苦再难的问题，都只能去面对、去解决。"她说自己的爷爷和父亲都是能吃苦、肯劳动的性格，他们是自己的榜样。

顺利缓解了招生压力之后，朱校长不敢有一丝松懈，如何在已有的办学成绩上让学校有更好的发展，仍是她每日结束繁忙工作后苦思冥想的问题。仅有质量，没有特色，学校彰显不了自己的品位，也达不到全面育人的目标。朱校长认为要办新时代乡村小学，一味地埋头苦干是不够的，还要把握教育发展的大趋势并融入地方特色。"教育是复杂的人类活动,作为教育者,思维要足够发散,才能用长远的眼光看待现实的问题。"南江镇中心小学注重五育并举和学生的个性发展。该校是足球强校,2019年作为唯一一支乡村学校足球队在全市比赛中亮相并取得佳绩,2020年荣获"平江县小学足球联赛亚军";教学楼走廊的墙壁上挂满了孩子们天马行空的绘画作品,在湖南省"小画家"美术大赛中曾有学生获得省级一等奖,学校总获奖人次居全省参赛学校前列。劳动教育也没有落下,南江镇中心小学于2022年初增设了特色劳动课程——"小小厨课堂",孩子们在老师和外聘厨师的带领下择菜做饭,体验劳动的同时学习厨艺,传承南江特色美食。除此之外,为了丰富孩子们的课余活动,朱校长组织教师开设了围棋、象棋、航模、剪纸、舞蹈、合唱等30多个学生社团,创设了"4天文化课辅导+1天社团活动"的课后服务模式。自土地革命时期以来,平江县就是孕育革命战士的红色热土,朱校长认为"一步一个红色故事"的平江非常适合开展中小学生的爱国主义教育。她积极倡议当地政府加快建设红色教育基地,将本地红色资源与学校思想教育相融合。朱校长表示:"在乡镇学校级别,我们学校的素质教育已经比较突出,市里领导来视察后也给予了高度的肯定。"

三、治校经验:大小校治理异同

(一)治理之同:好校长首先要是一名好教师

随着我国社会、经济的发展,人们对优质教育的需求愈来愈强烈,乡村家长们的教育观念也从"有学上"转变为"上好学",城镇"大班额"现象和乡村学校生源流失就是最好的印证。朱校长通过三年时间将昌江小学的排名提升了十几个名次,获得乡民和教师的一致好评。在乡村学校日渐式微的大环境下,她不仅提高了教学质量,还降低了生源流失率。朱校长在南江镇中心小学任职的三年里,学校综合管理质量在全县乡镇中心小学中排名第一,并获得了"岳阳市文明单位""岳阳市平安学校""岳阳市中小学三园创建示范学校""平江县芙蓉标兵岗"等多项荣誉,学校稳中向好。

我们询问她在短时间内出成绩的治校秘诀是什么,她将此归功于自己20多年来扎根课堂的教学经验。"打铁还需自身硬,只有你值得尊重,你才能真正拥有这个校长的身份,这个身份是要靠自己去立起来的。"苏联教育家苏霍姆林斯基也曾说:"如果你想成为一个好校长,那你首先就得努力成为一个好教师。"校长不仅仅是学校的管理者,更是日常教学工作的指导者和教学改革的探索者,要懂得教学,才知道如何管理。在昌江小学时,她基于多年扎实的一线教学经验,完善各项规章制度,拟定学期目标,部署各项计划,制定提质方案,带动全体教师进行教研改革并贯彻落实,为昌江小学的蜕变打下了良好的基础。从班级重组到教学公开课她都冲在最前头,除了自己的教学任务之外,更是三年如一日地进行课堂巡查、护送学生们上校车,给教师们树立良好的榜样,调动了教师队伍的积极性,营造了良好的教学环境,提高了昌江小学的社会声望。从朱校长的任职经验来看,管理与教学是不可割裂的。一方面,校长也是教师,走向教学一线了解教育全貌是应有之义。朱校长并不赞同校长不做任课教师的做法,她说:"人不能被时代的洪流卷着走,要居安思危,只有坚持在教育一线岗位,才能了解最新的行业资讯,才能不断学习和成长。"只有懂得教育规律、懂得受教育者身心发展规律,才能科学地开展各项工作,将教育人、培养人的相关工作放在首位,引领乡村教师队伍的成长与发展,扮演好校长"教学指导者""改革探索者"的角色。另一方面,中小学的校长负责制对校长的综合素养提出了更高的要求。如果长期脱离教学,校长在教育决策过程中无法掌握最新的教育治理思维,在决策过程中缺乏民主对话,服从文化盛行,将导致思想争鸣缺乏,校本治理空洞,形成恶性循环。因此,乡村校长更应该以教育教学活动为立校、治校之本,既能够从中把握正确科学的学校教育教学价值观念,又能够对学校教育教学活动进行整体而科学的布局。

(二)治理之异:小校小治,大校大治

朱校长同时拥有小校和大校的治理经验,她认为对于微小型学校从细节入手、以身作则、注重人文关怀至关重要。在我们的接触中,朱校长没有架子,凡事亲力亲为。在昌江小学任职时,有些年纪大的老师比较任性,两三天不来学校也不请假。"前几任校长甚至要到他家里叫他起床,但是在我任职的这三年里面他没出现过这种情况。"有一天,那位老师也是在没有请假的情况下随意离校,被朱校长在学校门口撞了个正着,但是朱校长并没有拦他,反而还帮这位老师打开了门。她表示这也是为人处世的智慧:"曲线救国嘛,反正拦着也没有用,还不如放手让他走。"朱校长离开昌江小学几年了,这位"不服管"的老师还与她通过电话:"我最佩服你的一点,就是你能吃苦,什么事情都带头做,而且还做得很好。理解我、尊重我,让我觉得不能再随性随意地去工作和生活,让我主动约束自己。"要想教师参与自己设置的愿景计划,乡村校长就必须树立自己的威信,提升自己的影响力和人格魅力。专制独裁的校长已不能适应新时代教育改革的新要求了,仅仅靠权力去影响追随者,作用已是微乎其微了,非权力的影响才是起作用的关键所在。[①] 只有心胸宽广、宽厚待人、尊重理解教师、懂得换位思考的校长,才能以自己的人格魅力对教师的心理和行为产生一种巨大的感召力量,形成强大的向心力,让教师们群策群力地配合校长的工作,一起为实现乡村学校的优质发展而努力。

与微小型学校相比,大校管理的挑战更多体现在制度建设和辐射引领上。学校内部制度的完善是保证学校治理现代化的根本要求,制度的预期、制定、执行和评估是一个完整的体系。因此,校长必须对整个体系有一个清晰的把握,在执行过程中及时发现问题并及时进行修正和改进。如各种教代会制度、学校大会制度、家校委员会制度、学校和社区联席大会制度等是否发挥了民主管理、民主监督、民主决策的作用,是否促进了学

[①] 董燕. 农村中小学校长变革型领导力问题的研究 [J]. 教育现代化,2017,4 (8):209-211.

校自我管理、自我监督、自我发展等都需要校长及时进行调查和了解。朱校长在上任南江镇中心小学后，发现学校多年固定的家长护卫队以及招生政策已经不利于学校的发展，因此她果断取消，改为全校家长轮岗值班，并建立了新的"阳光招生"制度，缩小了班额，保障了办学质量和教育公平，打破了乡镇"人情社会"的桎梏。朱校长积极响应素质教育和"双减"政策，对课后服务和社团建设进行了精心设计，并建立了兼职教师聘任制度，做到专师专任，使素质教育落到实处，让课后服务更加行之有效。同时，大校要有大校的担当，南江镇中心小学通过"送教下乡"等手段对周边弱校进行辐射性帮扶也是乡村大校应尽的责任，更是促进乡村大校自我提升的有效手段。朱校长告诉我们，每年她都会组织南江镇中心小学的老师们去偏远村小及教学点、县福利院学校进行援教，比如南江镇有个知名的"无妈小学"，那里的学生大部分都是母亲未婚生子或弃子改嫁的留守儿童，特别需要老师们的关爱。久而久之，南江镇中心小学师资优秀声名远扬，极大地提高了学校的社会声望。

（三）积极参政议政，立足全局谋教育

朱校长对教育热点问题及各级教育政策都颇为了解和关注，在她看来，做教育不能只盯着眼前的事情，更要拓宽眼界，从宏观的角度发掘问题的症结。除了教书育人、治校管理的本职工作之外，朱校长还作为乡村代表在市人大这个平台上参政议政，成绩斐然。

2016 年，平江县选举岳阳市第八届人大代表，共有 3 个名额，除了政商界人员外，还需要一名扎根乡村、经验丰富、有亮眼成绩的女校长。通过严格的审核和多轮的面谈，朱校长入选了，与她一同入选的还有当时在任的南江镇党委书记和一名男性企业代表。这个身份让她能够代表基层的老师，向市委书记、市长，县委书记、县长反映教育问题，表达诉求，她十分珍惜。2016—2017 年交汇之际，朱校长第一次参加了市人大代表会议，作为一名新手，她感到既兴奋又惴惴不安。她告诉我们："当时，我还不太了解这个角色的责任和使命，不知道一名人大代表应该要做什么、怎么做，所以我在第一次参加会议的时候并没有准备议案。"这次参会让

她深刻认识到，作为基层代表要秉承"人民选我做代表，我做代表为人民"的坚定信念，为乡村教育找问题、谋发展。此后，她开始非常用心地准备议案，为此经常和学区领导以及其他学校的校长交流。

2021年，朱校长偶然听说了一起平江的女童性侵案，联想到自己工作过程中了解到的留守儿童总量和学生特殊的家庭构成情况，她认为保护乡村未成年人的行动刻不容缓。南江镇是岳阳市人口最多的乡镇，常住人口达到11万人，位于幕埠山脚下、三省四县交界处，社情民意非常复杂。根据南江镇镇政府内部调查数据显示，近两年南江镇当地发生侵害未成年人的违法案件共38起，其中造成不幸怀孕的占12起，这些触目惊心的案件令她感到万分痛心："我也是两个女孩的母亲，这样的事情我不想再让南江镇任何一个女孩遇上！"于是，在岳阳市九届人大一次会议平江代表团的讨论会上，朱校长提出要关爱乡村留守儿童，严厉打击侵害未成年人的行为，并就如何加强未成年人保护提出了相关意见。她表示，仅仅依靠学校或家庭是很难做到的，必须形成多部门联动、社会各界联手的局面，才能织密基层未成年人保护的"安全网"。朱校长的提议在会上一石激起千层浪。最终，市委、县委、人大结合省检察院、法院的意见，以保护未成年人，尤其是保护基层留守儿童健康成长为目标，在南江镇展开了"利剑护蕾"专项整治行动，推进家庭、学校、社会、网络、政府、司法"六位一体"的综合保护，并在2022年8月举行的南江镇七届人大二次会议上全票通过了《关于进一步加强未成年人保护工作的决议》。整治行动效果明显，并发挥了显著的以点扩面的作用，后拓展为平江市"严党风、清政风、立民风、树家风、刹歪风"社会文明建设主题活动，形成了党政干部、人大代表、人民群众、社会团体共参与、齐发力的工作氛围和格局。

这只是朱校长众多发言和议案中的一个，除此之外，她对乡村新进教师性别结构失衡、班主任津贴补助过低、汛期防溺水等问题列出的议案也有幸在各部门的配合下取得了良好的推进。

四、乡教负荷：看护橘园千般苦，后继乏人心有愧

（一）学校领导层的结构化困境

南江镇中心小学一共有 103 位老师，其中 79 位是女性，38 名班主任只有一位不是女性。"可以说，是她们用执着和坚韧，撑起了学校的大半边天。"据研究，在全世界中小学教师队伍中都存在女多男少的问题。美国的公立中小学中，女性教师占比达 70%；我国中小学女教师占比也很高，并呈逐年递增的趋势。从客观需求上来讲，教师这一角色要求温和、耐心、细致，具有更多的母性特征，这让全社会都认同了一个观点：女性更适合当教师。[1] 可是，在女教师居多的乡村小学，校领导却大多数都是男性，这种"女人教书，男人管校"的现象在乡村小学中十分常见，南江镇中心小学也不例外，校务会男性占了七成。受传统性别观念的影响，大众对于女性领导持有一定的偏见。朱校长告诉我们，像自己这样，短短三年的时间就从村小调到中心小学任校长的案例是极少的，也曾有一些风言风语传到她的耳朵里，但她都选择不予理会。"女性升迁太快，有人质疑我的能力我也是可以理解的，但是我这些年的治校成绩都摆在这里。三年时间，我将昌江小学带到全学区第 4 名，又用了三年将南江镇中心小学带到全县所有中心小学里的第一顺位，我问心无愧。""玻璃天花板"现象是指职业女性晋升中的无形屏障，它使女性无法进入组织高层。从朱校长的口述中，我们发现女性乡村教师在职业发展中的"玻璃天花板"现象比较普遍，受此影响的女性不均匀地集中在中下层领导者的职位上。[2]

除此之外，学校中层干部年龄集中在 40~50 岁左右，办事效率不高、

---

[1] 张恒. 乡村教师的工作—家庭支持对职业认同的影响研究 [J]. 现代商贸工业, 2021, 42 (25): 64-66.
[2] 李长娟. "玻璃天花板"下乡村女教师职业发展的现实表征与突破路径 [J]. 河北师范大学学报（教育科学版）, 2017, 19 (4): 121-125.

学习能力有限，可位置一时半会却又难以调动。得力的年轻老师们工作很多，按照规定，工资又不能开得太高，只能尽量多发点校长干事补贴。久而久之，校长干事的职务如烫手山芋一般，没有人愿意接，而这种吃力不讨好的事情，只有年轻女教师愿意做。"教育教学管理需要创新思维，乡村教育更需要做出特色，如果身边有很多得力的帮手，我一定会比现在轻松很多很多。可是，很多中年干部连迎接检查的课件都不会做，做了也达不到要求，我怎么能不头疼？"

（二）师资的流失与撤点并校背后的隐忧

北宋思想家李觏曾言："善之本在教，教之本在师。"教师队伍是影响学校办学质量最为核心的要素，高素质教师进不来，高水平教师又留不住，严重影响着乡村学校教育教学活动的开展以及长期的发展。正如朱校长所说："我们是质量强校，城里来调人的学校也比较多。和城市学校相比，我们留不住年轻有为的骨干教师，很多女教师为了家庭、孩子教育问题通过调动、招考进入县城或市里，这对学校工作的开展很不利，如教导主任、教研组长就是一年一换，刚培养出来就要调离。"因为师资力量薄弱而苦不堪言的乡村校长不在少数，这种情况在偏远校更为严重。

根据当地学区要求，教师的教学科目必须与教师资格证证书上的科目保持一致。在南江镇中心小学，通过外聘教师等方式可以做到专师专任，可这在昌江小学却几乎是不可能的事情。朱校长说："最典型的是艺术类课程，许多教师根本无法胜任。我在那儿的时候，不仅教语文，还兼任音乐、美术、数学、道德与法治等课程。我们那个年代的中师生都是全科师范生，可是现在的乡村小学教师很多都是非师范生，这是偏远地区的村小师资队伍建设中存在的主要问题。"由于师资匮乏，南江镇每年都会有一些村小、教学点被"撤并"，为了解决原本在这些学校就读的孩子们的上学问题，学区承诺可以让他们到学区内最好的小学就读。但这些孩子求学路途遥远，家里在镇上也没有房产，家长只得在学校附近租房陪读，这样一来不仅这些家庭的经济负担加重了，务工和生活不方便了，而且中心校的管理难度也加大了。

故事4 留守儿童的"校长妈妈"

南江镇中心小学有一个情况特殊的孩子，名叫小凯（化名），父母都是农民，由于撤点并校，父母被动来到镇上在学校附近租房陪读。

有一天，朱校长照例在学校里巡视，远远地看到校门口有个孩子拎着一个塑料袋在徘徊。"我还在纳闷，上课时间怎么还有孩子没进来？等我走近了一看发现是小凯。我问他：'你在外面干吗？'他就指了指自己的裤子，意思是大便拉在裤子上了。我又问他：'你的妈妈呢？'他也没说话，指了指外面，然后我就赶紧跑到外面去追，追了大概几十米才叫住了那位'家长'。我问：'您是小凯的什么人呀？您得把他带回去洗干净了再送过来。'他说：'老师啊，我是他的邻居，他爸妈回老家种地去了。'我才知道是这样的情况。"为了孩子读书，小凯一家人在镇上租了房子，家里的田地平日里就没人管了，所以他的父母白天要回到山里去种地，晚上再赶到南江镇。于是，朱校长带着小凯来到传达室，打开热水器，给孩子洗了个澡，把他的裤子也清洗干净，用袋子装好，通知了家长黄昏的时候记得带回去。

"乡下的孩子就是这样的，小凯算幸运的，他的父母还在身边。我们学校有40%的孩子都是留守儿童，父母不在身边，他们的家庭教育和生活环境很难保证，还有些孩子身体和智力情况都比较特殊。"学生是学校的主体，是家庭的整个世界，他们的健康成长、快乐学习，关乎到千家万户的幸福。母亲吸毒、没有父亲的莎莎（化名），从一年级开始就休学养病的升平（化名），五年级白血病初愈的佳佳（化名）……朱校长掰着手指给我们讲述他们的成长故事，从她的眼里我们看到的都是欣慰和满足。她在学校建立了一个爱心账户，用来帮助这些家庭困难的孩子，除了定期捐款外，还将自己女儿、亲戚的衣服收拾整齐送到孩子家中，日常的关心爱护和鼓励安慰都让孩子们倍感温暖，大家都亲切地喊她"校长妈妈"。

（三）社会性事务与自身发展难平衡

做了7年的校长，朱校长也曾有过放弃的念头，"做任何一种工作都会有遇到困难的时候，有时候需要应付的事情太多，让我觉得非常疲惫"。作为学校最重要的管理者，乡村校长对外要协调各种社会关系，要能够为教师、学校谋福利，对内要做好教学和科研，工作头绪多、担子重。南江镇中心小学作为乡镇重点小学，是最容易被抽检的学校，"最累的一段时间，4天一共应对了3次上级检查。检查的种类繁多，有市场监督、食品安全、消防安全、地震演习、防疫检查等。每次领导一来，我的所有工作都会受到一些影响"。朱校长表示，她并不是反对检查，而是不喜欢反复检查。"比如说环境卫生检查，我们镇上和县教育局来查了两遍，学区又来检查一遍，有必要分成三次来查吗？我担心出问题，就只能一直亲自盯着，自己的教学任务都无法完成。"最近朱校长干脆看开了："有的时候出点小问题也无伤大雅，必须得给自己放松一下，只要学生们安全健康，其他的个人得失都是小事。"学校工作外延不断扩大，真正教书育人的功能却被逐渐压缩，与教育无关的问题大包大揽，成了当下乡村校长的真实写照。①

从自身的职业发展上来看，朱校长认为最大的困境在于培训、学习的机会有限。"这六年里，我仅参加过一次省级培训，是2019年9月的种子校长线下培训；到外省也仅有一次，是赴深圳参加推广主题阅读的活动，还不是官方的培训。"她认为，校长培训不同于教师培训，不同地区、不同学校之间的管理模式和文化建设差异很大，不可以简单复制推广，因此校长培训更需要实地考察，线上培训效果欠佳。"做乡村校长的成就感没有城市校长高，硬件、师资、培训机会都优先派给城区的学校，乡镇学校永远比不过城市学校。"线上培训的初衷是通过灵活的时间安排来缓解工学矛盾，但乡村校长的工作本就繁重，原本线下培训可以让人放下校务工作，全身心投入学习，线上培训却演变成为了他们必须要完成的任务，增加了负担。

---

① 梁红梅，马喜. 生态视域下农村校长的工作压力与应对策略——基于X省百位农村中青年骨干校长的调查［J］. 教育理论与实践，2017，37（31）：24–27.

五、我的思考：乡村学校校长领导力的匡扶路径

知名教育家肯·罗宾逊曾说："在教育体系中，领导者真正的作用不是也不应该是指挥和控制。领导者的真正作用是控制教育的风气，制造一种充满可能性的倾向。"这既是乡村学校治理现代化的本质要求，也是对校长的规划能力、统筹能力、领导能力、专业（职业）引领能力、教学领导能力等综合能力提出的更高要求。我们建议从强化乡村校长现代化治校理念、提升乡村校长政治参与度、突破乡村女教师职业天花板等方面进行匡扶。

（一）强化现代化治校理念

作为我国教育系统中最薄弱、最复杂、最突出，同时也是最基础、最关键和最庞大的组成部分，乡村学校在教育治理现代化中占有举足轻重的地位。乡村学校治理现代化是相对于城市学校治理现代化而言的，是指社会经济、文化和政治等发展相对滞后的乡村地区义务教育学校确立"以师生为本"的理念，通过激发学校全体师生参与学校公共管理的主动性、积极性和创造性，突显学校管理民主"法"治的精神实质，依法依规保障学校教师和学生的各种权利，最终实现学校全体师生自由而全面发展的过程。相对于城市学校而言，乡村学校的各种教育资源较为缺乏，学校师资结构不合理，教师的教学技能和知识也相对欠缺，学生的知识基础没有城市学生丰富和厚实，所以乡村学校治理现代化对乡村学校校长的能力提出了更严峻的挑战。[①]

首先，建议完善乡村校长的培训内容与模式。朱校长反映，乡村校长培训存在机会不足、内容空泛、形式僵化等现状。公共管理、公共服务理

---

① 徐玉特. 农村学校治理现代化中校长能力的困境与匡扶[J]. 教育探索, 2017 (2): 113 – 117.

论及其社会治理理论的认知、习得和内化是作为当下组织管理人员必备的基本知识和理念。乡村校长作为学校的领导者，他们也需要掌握现代管理和治理理论，并逐步内化和践行。培训内容应更具有针对性，提升学校内部治理制度建设、现代管理意识、治校方略水平等方面的内容占比，使培训更贴近乡村学校的现实情况，更符合乡村校长们的治校需求。除了在培训中加强理论的学习和宣讲外，还需要给校长们提供参观和体验的机会，让他们亲自去感受。

其次，要加强乡村校长现代化治校方略的指导和引领。乡村学校校长办学理念和现代治校方略的形成需要长期的、艰苦卓绝的探索过程。因此，除了上述提到的对现代管理理论和治理理论的习得和内化，还需要教育专家和学者进驻学校进行实地调查，并与校长一道因地制宜、因校制宜地进行规划。地方政府和高校为其提供政策、智力支持的同时应该尊重乡村学校的主体地位，注重对特色办学理念和现代治校方略的引导，而不是越俎代庖。

最后，要提升乡村学校内部治理制度的水平。学校治理现代化需要民主和法治保驾护航，失去学校内部的民主和法治，学校治理现代化将成为无源之水、无本之木，学校内部民主和法治需要以学校章程等制度建设为基础和保障，这对乡村学校校长的制度建设能力提出了更高的要求。如朱校长上任后，以《湖南省教育厅关于进一步规范普通中小学招生入学工作的通知》（湘教通〔2022〕102号）、《岳阳市教育体育局关于做好2022年全市普通中小学招生入学工作的通知》（岳教体发〔2022〕6号）和平江县教育局《2022年平江县中小学招生工作方案》（平教通〔2022〕58号）文件精神为依托，根据南江镇的实际情况，建立了"阳光招生"制度，制订了2022年秋季招生实施方案。新的招生方案明确了招生政策、招生范围、招生程序和招生纪律，有效缓解了学校"大班额"的现象。同时，乡村学校校长还需明确制度在学校治理现代化中的意义和作用，并在此基础上对制度进行及时更新和完善。又如，朱校长更新了学校的教职工年终绩效考核方案，在原有评优政策的基础上重设考评奖制度，将其分为班主任绩效、师德师风、出勤、工作量、教学常规动态督查、教育教学质量、校务会成员工作考评七个板块，对每一个考评板块制定了实施细则。学期评价结果作为每期年终目标管理考评奖和奖励性绩效工资发放依据，为教职工评优、评先、晋级及末位淘汰制和教师聘任提供参考，让每个教师的评奖评优都有理有据，公正、公平、公开。

（二）提升乡村校长政治参与度

乡村作为弱势群体和贫困人口的集聚地，其发展与我国共同富裕的进程息息相关。乡村校长作为乡村教育集体的中心点，其政治参与的程度也代表了乡村相对贫困群体的利益诉求渠道。乡村校长应提升政治参与度，为乡村教育的发展赋能。[①]

政治参与体现了一个国家民主化的发展程度。县域是国家治理体系中最基本的单元，包括了从县到村的多个治理层级。优秀的乡村校长们作为县域精英人士对地方事务可以产生重要的影响，在我国地方社会治理格局中占有一席之地，是完善基层地方治理结构的能动者。他们不仅可以凭借教育专业水平和管理影响力获得地方相关部门的认可和体制的吸纳，从而通过体制为乡村教育的发展保驾护航，例如，以自身的影响力对地方事务进行关注，在调解地方纠纷、提供人道救济、主持社会募捐等诸多事务当中扮演各种角色。另外，还可以通过多年的乡土教育工作与地方民众形成深入的相互了解，凭借地方群众的认可获得更多的影响力，在乡村中许多民众因自身能力问题与政府接触的机会有限，有些家长会向自己信赖的乡村校长们寻求帮助，乡村校长也因此成为沟通政府和民众的桥梁，并利用其身份实现资源合作和政治动员。

人大、政协能够帮助党和政府改进工作。作为多年扎根乡村的"守乡人"，乡村学校校长了解基层实际情况，对乡村教育的症结所在更有发言权。学校作为公共组织，特别是乡村学校作为为社会生活水平相对落后的群体提供基本教育公共服务的主要载体之一，在充分表达和满足公共利益诉求方面起到了不可替代的重要作用。乡村校长中的有识之士，可以通过

---

① 李景鹏. 政府职能与人民利益表达 [J]. 中共中央党校学报, 2006 (3): 15-18.

竞选人大代表和政协委员等参政议政渠道,来为自己所在的阶层和群体进行发声,将分散、无序的利益诉求通过聚合的渠道表达出来,减少非正式渠道利益表达所带来的冲突风险。如朱校长通过提出人大代表议案,借助政府和相关职能部门的力量,协助舒缓了乡村社会中如女童性侵、新进男女教师比例失衡、班主任津补贴、汛期防溺水等不少痛点、堵点问题,为乡村学校的发展创造了更好的外部环境,促进了乡村教育振兴的实现。

(三) 突破乡村女教师职业玻璃"天花板"

乡村女性教师群体占据了乡村教育阵地的大半江山,她们的职业发展却受到各方面因素的限制。从社会层面来说,大众对女性领导力持怀疑与否定的态度,这不仅使得女性在工作中的自我效能感大打折扣,严重时还会致使女性的职业发展途径遭受破坏,甚至彻底打消优秀女性走上领导岗位的念头。从群体层面来说,长久以来的性别领导观念溢出效应影响了组织内部其他成员对女性角色的认知和评价。[①] 相较于男性而言,女性长期处于被规训的群体地位,这种群体文化一定程度上也影响了对男女不同的评价归因定势。比如说将个别女性的成功因素归结于运气、社会背景、工作难易度等,却并不愿意承认某位女性的领导能力强。基于"同质社交"现象,男性高层管理者更愿意提拔与自己相似的男教师,对与自己明显有差异的女教师视而不见,甚至担心提拔女教师会有不好的舆论影响,这也在无形中产生了妨碍女性教师晋升的隐形屏障,导致乡村女教师默默接受了群体中"男强女弱"的性别规训,从内心深处觉得自己不适合做管理,把机会拱手让人。从个人层面看,在职业发展和家庭发生矛盾时,大多数乡村女教师都会自觉将重心放在家庭上,为了孩子选择考出乡村、为了家庭选择清闲职位、为了丈夫的职业生涯放弃自己的晋升机会……一旦她们接受了"男主外,女主内"的性别分工模式,就会主动放弃抗争,"玻璃天花板"就自然而然地把她们阻隔在管理层之外,所以她们自身对其的认

---

① 刘世敏,刘淼. 领导对"玻璃天花板"的认知对女性下属职业生涯发展的影响 [J]. 妇女研究论丛, 2014 (4): 34-40, 62.

知与态度也很重要。在职业发展中,乡村女教师的个人障碍也会集中表现出来,如缺乏职业自信心、放弃积极主动的进取、缺乏解决问题的能力等。乡村女教师要想突破职业"玻璃天花板",不仅要从社会意识上建构与渲染,还需在解构和消除性别规训的同时,提升乡村女性群体的自我意识。

首先,要大力发挥公共教育和官媒的作用,宣扬乡村女教师对乡村教育事业的付出和贡献,为女教师营造良好的社会文化氛围,创建男女教师平等发展权益机制。教育主管部门应颁布相关的政策,以赋权的形式帮助乡村女教师群体发声,并且能够在实践层面积极践行,严厉打击性别歧视,营造良好的舆论环境。

其次,乡村学校要加强女性教师的权利保障。乡村学校要努力消除组织制度和文化中存在的对女教师的不平等做法和性别歧视观念,重视对女教师的培养,提拔有能力的女教师担任重要领导岗位,给予女教师同男教师平等的晋升、培训的机会,消除各种考核中的性别歧视与偏见,以有效的业绩考核为依据,保证公正、公平。乡村学校要建立监督和问责制度,避免主观臆断,以免伤害女教师从政的热情和积极性,要根据女教师的能力与业绩做出有效评价。乡村学校要为乡村女教师搭建教师培养与培训的专业能力发展平台。①

最后,乡村女教师自身也要突破刻板的性别桎梏。只有不断更新观念,掌握一门专长和技术,并通过硬实力改变公众的性别刻板观念,才能为自己谋取更好的职业发展,才能在家庭生活中拥有更多的主动性和话语权,从而打破旧的男女家庭分工格局,在职业上获得更多的发展空间。

---

① 刘义兵,付光槐. 教师教育一体化发展的体制机制创新[J]. 教育研究,2014.35(1):111-116.

第三章　乡村社区的新型行动者

汉语词典将"乡贤"释义为"品德、才学为乡人推崇敬重的人"。湖南省衡阳县金溪镇就有这么一位乡贤：他坚韧，二十余载育人路，从踏上那天起就未动摇；他有野心，破败乡镇初中，在他的带领下三年便焕发生机；他有智慧，利用社交艺术为学校建设开源拓流……有目标、有规划、有韧劲、有智慧、懂社交，他正用实践赋予乡贤身份新的色彩。

一、案主描述及初印象

欧阳曙东，男，42 岁，中共党员，湖南省立第三师范学校毕业，教龄24 年。在衡阳县金溪镇金溪中学担任校长 3 年，教授语文、生物两科，喜爱美食、演讲、爬山。

衡阳县金溪中学位于衡阳与娄底交界处，紧邻双峰县，是一所典型的乡村寄宿制学校。学生来自于全镇 17 个村，截至 2022 年 8 月，学校共有 8 个教学班级，在校学生 400 余人，教职工 37 人。学校创办于 1964 年，曾先后名为金溪农中、金溪高中、金溪区中，1995 年与德声中学、上峰中学合并后改名为金溪镇金溪中学。由于地处偏远，校舍一直陈旧破败。课题组唐老师是该校 1996 届毕业生，"晴天一身灰、雨天一身泥"是母校给他的深刻印象。

伴随着油门轰响，我们在一道道崎岖的山路上飞驰。路况不太好，到处是石子、泥洼，我们乘坐的摩托车一路颠簸，让人神经紧绷。当看到沐浴在晨光中的金溪中学的牌匾时，我们悬着的心终于放了下来，不过二十分钟的车程让我们觉得无比煎熬。学校面积不大，校园中有不少参天大树，塑胶跑道和教学楼是新建的，与实验楼、办公楼、食堂等并排交错。校园整体色彩清新亮丽，让人感觉很舒服，与我们预想的"老破小"完全不一样。

树枝摇曳、鸟鸣悦耳，我们正欣赏着暑假期间安静的校园，突然一阵爽朗笑声和嘈杂脚步声打断了思绪。欧阳校长刚开完会，大笑着从办公楼走出，与其他人道别后，他看到了操场上的我们，一边快步走过来一边伸手打招呼："你们好！你们好！真是不好意思让你们等了这么久……"他挎着公文包，身材精瘦、衣着朴素，比他黝黑皮肤更抢眼的是他那双乌黑发亮的眼睛，让人感受到了坚韧和真诚。

欧阳校长开始了自我介绍："1995 年，我从这里初中毕业，考上了中师，也就是湖南三师。我在这读了 3 年书，工作了 21 年，一共是 24 年，我今年 42 岁，整个人生的一半多都在金溪中学度过。"他双手扶着脸颊，眼睛看向我们，似乎若有所思。从他的介绍中，我们得知，从湖南省立第三师范学校毕业后的三年里，欧阳曙东还曾在杨柳小学、隆兴中学任教，最后才在金溪中学寻得归处。简短的介绍之后，我们的初次线下访谈就持续了 4 小时。

二、校长是如何炼成的：从小树苗到参天大树

（一）教师生涯起步，历练成长

18 岁那年，欧阳曙东从中师毕业，被分配到杨柳小学教语文，开启职业生涯第一站。他在杨柳小学仅工作了一年，在他的记忆里那段时光是"艰苦而幸福"的。原本他与另一位同村好友约定一起到杨柳小学工作，但那位好友却临时改变主意，放弃了教师职业，去外地经商。新入职的 7 位教师中，只有他是外村人。刚刚成年的他，既要忍受独在异乡的孤独，又要尽快地适应全新的环境，学会独立生活，一切都十分具体。首先要解

决的就是吃饭问题，他开始学习做饭，学习做各种家务，生活上的事逐渐得心应手。他很庆幸自己在入职之初受到了不少同事、家长和学生的善待。比如有一位老教师看他离家远，就主动关照他，教他做饭，给他带自家种的蔬菜。几年之后，他已经成为了一名美食能手，与朋友和同事的聚会中，他经常担纲厨师的角色，一来二去就和大家熟络了起来。

（二）借助改革东风，遇见伯乐

1999年，衡阳县开始探索教育学区化。主要是根据地理位置的相对集中和教育实力的相对平衡来确定学区，由此实现学生的就近入学，便于教育主管部门统筹管理，要求学区内部在硬件设施、课程资源以及人力资源等方面实现共享与互通。① 衡阳县以本级行政区域内的全部义务教育学校为对象，以优质教育资源结构分布均衡化为主导，统筹考虑各义务教育学校在空间上的地理分布和学校之间资源组合的结构性，把发展水平不同、建设特色不同、地理位置相对集中的几所学校组建为一个学区。对于学区内的教育工作者而言，意味着能实现横向甚至是纵向流动。

在这一大背景下，欧阳曙东所在的金溪镇建立了金溪镇学区，对接衡阳县教育局，履行对本乡镇内中小学校、幼儿园及民办教育机构的管理职能职责。学区内包括金溪中学、金溪中心小学、隆兴学校三所乡镇学校，由学区推动三所学校间的资源交流共享。在杨柳小学工作的一年里，欧阳曙东业绩不错，因此金溪中心小学和隆兴中学都向他抛出橄榄枝。"我当时也没考虑过其他因素，只觉得去初中锻炼，肯定比去小学成长得快。事实证明这个选择是对的。"来到更适合自己的平台后，他如鱼得水，从普通教师、班主任做到团支部书记，再升为教导员、教导处副主任。2001年，他被调到金溪中学担任语文、生物老师，同年，他因工作扎实、表现突出，升为了教导主任。

"回想起每一次职业生涯拐点，我发现我的人生充满了机遇。" 2017

---

① 倪娟，杨玉琴，沈健. 我国义务教育学区制试行现状研究 [J]. 上海教育科研，2018（3）：5-9.

年，金溪学区换了新主任，欧阳校长提到他时很是敬重："他一来，可以说是从内到外彻底改变了金溪教育的面貌。"新主任在学区广泛调研，听取教师心声。他在调研中反复从老师们口中听到金溪中学三个人的名字。"我们三个人在金溪中学的同一间办公室待了10多年。易新华（化名）原是金溪中学的教导主任，后被提拔为隆兴中学校长；莫小梁（化名）后来也去了聚英完小当校长；而我则成为了这里的校长。"说到这里，欧阳曙东脸上满是怀念。

2019年暑假，正在贵州旅游的欧阳曙东突然接到电话，被告知教育局在考察他。他问："考察什么？"电话那头回答："考察你当校长！"欧阳曙东第一反应是惊讶，心想自己怎么可能当校长。消息确认后，他从惊讶陷入了疑惑和担忧——他根本没有做好思想准备。从贵州一回来他就去找学区主任，拒绝接受这一安排，还扬言要辞职。金溪中学之前的氛围一般，教师中有不少"刺头"，前任校长经常被公开顶撞，工作开展困难。他一是担心自己上任后无法服众，工作难以推进；二是他对工作要求比较高，担心对工作太过投入给自己太大压力。同时，他的家人也有顾虑。在他犹豫不决的那段时间里，许多同事、好友都来给他做思想工作。"其中这句话最触动我：'我觉得目前金溪教育界你是最适合这个岗位的。'此话一出，我霎时间来了勇气。金溪中学既是我的母校，又是我的工作单位，至少我要去努力尝试，这也是我为金溪教育做贡献的最好方式。"欧阳曙东回想当时的转变："其实就是眼界突然打开了，自己的教育情怀和责任意识被唤醒了。"作为一个土生土长的金溪人，一名金溪中学培养出来的师范生，一位始终对乡村教育抱有信心和期待的乡村教师，振兴金溪教育，他理应献上一份力。最终他过了自己这一关，接下了金溪中学校长这一棒。正是因为走上了校长的岗位，欧阳曙东有了更理想的舞台，在他的带领下金溪中学这3年也发生了翻天覆地的变化。

（三）践行三年规划，学校焕新

在金溪中学上任后，欧阳校长对自己的管理工作做了一个"三年规划"："第一年是'笼络人心'，第二年是搞好学校的基础设施建设，第三年是尽可能地落实教师待遇。"第一年他从"钱"的问题入手，基本解决以前管理中因为"钱"而引发的矛盾，管理工作逐渐有序化。他每天早上6点起床、晚上11点休息，坚持到教学楼巡视，和学生见5次面，分别是早自习、上午、下午、晚自习和放学。问及原因，他说："我始终认为身教大于言传，想要教师、学生怎么做，就要自己先做。"此外，欧阳校长每周五都在校门口目送师生离校，然后在校园里散步、思考，最后一个驱车回家。日复一日、年复一年，欧阳校长时刻牢记作为一个"教育者"的责任，将绝大部分的时间和精力都投入到了学校里，挑灯加班是常有的事。这样的工作精神也感染了其他同事，教导主任看到此情此景，总会留下来陪着他一起处理工作。就这样，一两年下来，金溪中学从教学层到管理层，形成了一个相互协作、彼此关爱的团体。

欧阳校长在任的三年里，啃下的另一块"硬骨头"是学校的封闭管理。金溪中学一共400多名学生，许多学生家住在偏远山区，离学校最远的有十几公里，走读极其不便，因此金溪中学开展了寄宿服务工作，但学校一直没能实现规范的全封闭管理，寄宿生也可以自由出入学校。乡镇环境本就复杂，学校的后门口又正好连着集市，风险事故发生概率增加，学校安全管理难度极大。历任校长都尝试过在学校后门建围墙，但总因缺钱、家长和社区群众不配合而作罢。欧阳校长上任之后将校园进行了翻新，围墙也随之建了起来，但学校能否真正实现封闭管理，取决于围墙上的后门是否落锁。这里面关乎一些现实问题。如果后门落锁，村民们到镇上办事就不能从学校穿行，走了几十年的近道就堵上了。与此同时，住在学校附近的家长不愿意让孩子住校。面对这些棘手问题，欧阳校长首先请示政府，将"锁门"的告示贴在政府门口、街道上和校门口等地起倡导作用。其次，他认真地研究了如何与住在围墙外的村民们沟通的问题。在乡村工作多年，欧阳校长深有体会，学校不是一座孤岛，学校要管理好、发展好，必须有良好的外部环境，因此村民们的利益诉求也得考虑。他选择通过多次的走访沟通，和家长及村民们真诚协商，赢取他们的支持和寻求其中的平衡。第一天，他和学校工会会长一起去学生家里，讲述封闭管理的种种考虑和好处，家长们不松口；第二天，他给每一户带去水果和后门钥匙，并和他们讲："我把钥匙给你，你们家小孩读书来得及的话就麻烦从外面绕一圈，来不及的话就拿着钥匙开门，从后门抄进去，但要记得随手锁门。"正是这种相互理解的沟通方式，让村民逐渐接受了学校的决定，一段时间后，围墙外的几户村民都愿意配合学校的工作，后门锁上后就再也没有出现过被撬开的情况，学校也终于实现了规范、安全的封闭式寄宿管理。

解决了这两件大事后，欧阳校长开始着力提升教师待遇。这些年，国家一直致力于提高包括工资收入和福利性保障在内的教师待遇，并且部分乡镇地区已经实现了国家积极推动的"教师工资不低于当地公务员工资"的目标，"教师待遇提高了，工作成就感和生活幸福感自然会提高，自然会更愿意留在乡村学校"。为此，欧阳校长尝试了三个方法，初步获得大部分教师的认可和好评。一是给大家发福利。每到节假日，学校都会给老师发放补贴红包、农产品、地方特产、生活用品等福利。二是积极谏言，引起当地党委、政府的重视。欧阳校长每次参加教育部门召开的相关主题论证会时，都会积极推动"教师工资不低于当地公务员工资"这一提议，他一直提议建立并落实教师工资与乡村基层公务员工资的长效联动机制。"他调你也调，大家共进退，动态挂钩才能让教师的'荷包'有稳定的获得感。"三是实行弹性休假制度。许多老师经常会因写材料而加班，或为维护学校安全和秩序而在假期值班等。这些加班的老师会做好工作记录，如签到、拍照、提交工作总结或成果等，待紧急重要的工作和任务结束后，这些教师可以通过写说明申请补回缺失的假期。

（四）汲取榜样力量，扎根乡村

2021年，金溪中学的唐康清老师正式退休。他既是金溪中学的长者、名师，也是欧阳校长的初中班主任。他们亦师亦友，三十多年的从教生涯，他看着欧阳曙东从一名山村初中生成为一校之长。在他退休之际，欧阳校长想给这位乡村教育坚守者送一份礼物，以谢师恩。他在初中同班同学中发起号召，一共募集到了 18 万元，打算给刚建新房的恩师送一套家具。唐老师知晓了他们的意图后表示："你们以我学生的身份给我筹划这份退休大礼，我心领了。你们对我的尊敬我也感受到了。现在老师也不差钱，你如今是金溪中学校长，如真想帮老师做件事的话，就把这些钱投入到学校的建设里，便是给我最好的礼物了。"这段语重心长的嘱托，一直被欧阳校长记在心里，他感动于唐康清老师扎根乡村的教育情怀，更是敬重他的朴素与无私。为了让唐老师这份心意被更多的人了解和铭记，欧阳校长用这笔经费，在校园里建了一个小花园和一座凉亭，命名为"清心亭"。凉亭两侧刻着唐老师撰写的对联："金光沐校园教学相长师生携手成才路，溪水涧幼苗桃李竞芳俊杰倾情清心亭。"唐老师描绘的乡村教育愿景也成为欧阳校长在乡村学校坚守的力量。

在乡村，教师从教育系统转向政府部门成为公务员似乎是一种天然的正确，也是很多老师梦寐以求的事情。欧阳曙东有过两次转入政府部门工作的机会：第一次是他在全市演讲比赛上获得一等奖，正好碰上乡政府招聘写材料的工作人员，他拒绝了；第二次是县纪委希望调他去工作，他还是拒绝了。"这两次机会，我连动摇和考虑都没有，坚定地拒绝了。现在想来，如果去了可能会发展得不错，但是我不后悔。可能是受湖南三师的影响，我始终有很深的教育情怀。"在一般人看来，拒绝更好的前程未免有些"傻气"。有人对他的做法表示不解。欧阳校长向我们袒露了心扉："我是师范专业出身的人，学师范教育的学生为什么不安心做乡村教育呢？教育事业是最基础的事业，也是事关乡村发展的重要的一环，连学教育的人都跑去做行政了，哪还有懂教育的人来发展教育呢？"当我们提及目前乡村学生基础薄弱、教育者事业成就感较低的现状时，他表示："学生无论是聪颖还是笨拙，是乖巧还是另类，是富裕还是贫寒，作为教育者都应具有平等之心，宽容之，善待之。"他坚信每个学生都有发展潜能，乡村教育应成为乡村孩子发展的奠基石。

三、治校经验：以校为家，协调内外

（一）当好"一家之长"

自当上校长以来，欧阳曙东就不断反思之前学校治理过程中出现的种种问题背后的症结。他坦承，由于乡村学校资源匮乏，教师待遇较差，有时候很小的利益就能引发很大的冲突，因此，如何平衡各方利益是乡村学校治理过程中的最大难题。在他看来，乡村学校虽名为"学校"，但它不像城市学校有较为完善的规章制度约束和激励教师。乡村学校由于经费不足、规则不完善、体系不健全等各种现实因素，更像是一个大家庭，"家和则万事兴"。因此，现代教育治理体系下，城市学校倾向于以规则治人，校长是规则的维护者和推动者；而在乡村学校，校长变为一家之长，更多的是以德服人、以身作则，是理念的引领者，规则的践行者。"家长的格局很大程度上决定这个家的家风和状态。家长如果在利益方面是清清白白的，那么其他任何事都没有。我在学校待这么多年，教师经常在议论的事就是'这个地方领导赚了钱''那个地方不清不白'，猜忌越积越多，怨气也会越来越大，然后就会因为某个导火索爆发。"因此欧阳曙东一上任就下定决心要在利益方面做到清清白白，涉及钱的地方，总是慎之又慎。当了三年校长，他不仅没赚钱，还亏了钱。对此，欧阳校长给我们讲了一个例子。

2010 年，衡阳县教育局文件规定，教师绩效工资标准为 1.0，乡村校长的绩效工资标准为 1.3——校长比教师多拿 0.3 的绩效工资。多劳多得，看起来合情合理的政策规定，放到资源稀缺的乡村学校，却变了味。总体经费不足，校长工资里 0.3 的绩效实际是从全体教师的绩效工资中扣除的。这样一来不仅会引起教师们的猜忌和不满，让校长与教师之间的关系变得很紧张，还会影响教师们的工作积极性。正是从这一角度考虑，欧阳校长决定不多拿这 0.3 绩效工资，选择和全体教师拿同等工资。校长主动让利的做法让教师内心顿感平衡。"以前我当老师时就经常听到同事间关于工资问题的议论，所以当校长了就想把类似的顽症一个一个解决，从心理上慢慢让老师们认同我的工作，引导教师与我站在同一战线。"谈及此事，欧阳校长的眉毛缓缓扬起，脸上舒展出满意的神情。

故事1 公开的账簿

经费是乡村学校始终绕不开的难题。期末不仅是教师绩效工资发放的时间，也是学校账簿整理清算的时期，老师们的眼睛都在盯着这些事情看。

2019年期末，为了打消老师们的猜忌和疑虑，欧阳校长将财务人员清算好的账簿全部公示，公示期间老师们有任何疑惑都可以当面质疑，他人拿多了或者自己拿少了皆可申诉。上任3年，账簿也公示了3年。3年期间，欧阳校长的收入一直排在10名之后。老师们终于明白，这个校长不是来赚钱的，也不是来享受生活的，他来是真正为学校办实事、为教师谋福利的。"第二年账簿公开的时候，我在微信工作群里发了一条消息，告诉大家账簿放在我办公桌右边的抽屉里，欢迎大家来看。随后就有老师说：'校长我们相信你，以后我们都不用去看账簿了。'"他表示，看到老师们的反馈很欣慰，直到现在，每每想起都让他感到温暖。

欧阳校长将个人品德看得极重，他说道："我的财务主任也非常正直，比我还耿直，所以我俩搭档，老师们都很放心。我们都觉得钻学校财务的空子得不偿失。这不仅造成学校的财产损失，更有损自己的人品，而这损失的人品又哪里是金钱能衡量的。"内部不和的根源缓解后，欧阳校长部署工作和进行人事安排便顺畅多了。在任三年，没有一位教师顶撞过他。更重要的是，学校的治理成果与校长的德行已在金溪镇传开，金溪中学和他个人在社会上的声望、老百姓对他的评价都提高了。

在现行制度下，教师的工资与职称直接挂钩，是乡村教师们最为看重的事情。欧阳校长认为真正做实事的人理应在职称评审上得到回馈和鼓励，因此每次获得评职称的机会时，他都主动让给学校里最年长、贡献最突出的教师。直到去年，欧阳校长自己才评上副高级职称，此时他已经成为了教师队伍里的老将。

在学生管理上，欧阳校长也总是设身处地为老师们着想。家长和教师之间有时会一些纠纷，往往是因学生打闹造成的小磕小碰而引起的。家长会责怪老师不尽责，尤其当老师是外地人时，家长的态度会更强硬。这种时候欧阳校长都会挺身而出，明确表态自己支持教师教育学生，并告诉前来"兴师问罪"的家长："有任何问题，一切按照正常流程进行，学校会担责到底。相关补偿费学校可以承担，我私人也可以承担，但不可以让我的老师个人承担。"他认为，学校应该永远和教师站在一起，学校是老师的"娘家人"，不管是本地老师还是外地老师，他都一视同仁。当教师有困难、工作中有麻烦时，学校应该是他们的避风港，而不应让教师成为"挡枪"的替罪羊。

（二）积极联系社会资源

社会力量、乡村基层组织以及村民是影响乡村学校办学的重要利益相关主体。欧阳校长深谙这一点，他化被动为主动，致力于重建学校在乡村的社会连接与社会关系网络，为学校发展赢得更多的资源和支持。欧阳校长给我们分享了一则他在金溪商会上为学校筹资的故事。

故事 2　5000 元撬动百万元募捐

2020 年 10 月 31 日，欧阳校长应邀参加老金溪商会的年会，商会成员几乎都出席了，共 200 余人。欧阳校长计划在会上为金溪中学筹资。年会从晚上 7 点开始，到 9 点的时候筹款都不多，用欧阳校长的话来说就是"大家都捐不动"。他看在眼里、急在心里，于是自告奋勇走上台，发表了一番演讲："首先，我对自己能够受邀出席这次年会感到非常荣幸，感谢老金溪商会一直以来对教育事业的支持。其次，我要感谢出席年会的各位老总、老朋友对金溪教育的关注，大家对教育工作的支持让我深受感动，作为一名教育工作者，作为金溪中学的校长，我为金溪教育捐一个月工资——5000 元。"主持人被欧阳校长的行为震撼到了，也开始渲染气氛和助攻。商会成员也被欧阳校长的发言、行为以及教育情怀所打动，都情绪高涨，纷纷捐款，年会气氛热烈起来，最后在场的商会成员共为金溪教育捐款 100 万元左右。

年会结束后，欧阳校长的这个故事传开了。他回到学校，老师们都纷纷让他把这 5000 元报销，但他最后只让学校报销了自己来回的车费。"这 5000 元是我心甘情愿捐的，如果报销了就是违背我的良心，我也绝对不会拿这 5000 元来作秀。况且 5000 元对我来说也改变不了多少生活境况，却很有可能让学校的基础设施更完善，学生们能更好地学习和生活，老师们能有更好的待遇。师生如能更加积极地工作与学习，全校上下团结一心，我觉得 5000 元的投资挺值得。"

这一次欧阳校长在会上的表现也让老金溪商会的成员印象深刻，想要进一步了解他。于是，老金溪商会会长又邀请他参与了商会接下来的活动。在活动中，欧阳校长向在场人员介绍了自己的成长经历、教育愿景以及这些年的坚守历程等。会长和副会长等 7 名在场人员听后，都很敬重他，并允诺一人投资 10 万元，共为金溪中学捐助了 70 万元。

欧阳校长以老金溪商会为切入口为金溪中学打通了社会资助路径，善款和物资从五湖四海纷至沓来。据不完全统计，金溪商会每年捐款 30 余万元用于奖励金溪籍优秀学子、帮扶困难学生，捐款 10 万元用于奖励优秀教师，捐款 20 万元用于改造教师办公室；广西永祺集团捐款 10 万元用于更换教学楼的玻璃门窗；衡阳市致公学校捐赠 76 台空调；福建泉水基金捐赠了价值 15 万元的教室护眼灯具；广东狮子会捐款 5 万元用于校园文化建设……众人拾柴火焰高，学校的办学条件等在各方力量的资助下日趋完善。

（三）主动争取政府支持

如今城乡教育投入不均衡是普遍存在的问题，甚至乡镇学校之间也存在投入不均衡的现象。金溪镇到县城需要 2 个多小时的车程，也没像其他乡镇形成特色乡土文化，存在感较低。金溪中学地处偏远，办学规模也不大，政府出于经济理性和规模效应的考虑，对于这类学校的投入是较少的。向上级争取不到资源，则留不住教师和学生，金溪中学和大多数乡村学校一样也曾掉进这个恶性循环。仅依靠社会公益组织的捐赠绝非良策，想要破局，还是需要政府的支持。

故事3　善用机遇

金溪镇位于湖南省衡阳市衡阳县西北边陲，是衡阳县最偏远的山区乡镇。这里曾经路难行，电难通，民房破落，民心不稳。2021年，衡阳县迎来新县委书记Y。Y书记上台后明确指出，乡村振兴，教育须先行。上任半年，Y书记先后调研了27所学校。因此，衡阳县老百姓口中流传一句话："书记下乡都会考虑去学校。"欧阳校长则牢牢抓住了这个来之不易的发展机会。"现在我和老师们谈论起来，大家都说这件事能成得益于两点：一是走运，二是努力。"

Y书记的关注重点是乡村教育振兴。3月，他来到了金溪中学，发现这个学校刷新了他的认知：没想到自己的管辖范围里还有条件这么差的学校。Y书记看到学生们的寝室前只有一块黄土坪，运动场也是仅有两个篮球架的水泥坪，皱起了眉头。校方赶紧介绍："下一次雨，校园里到处是黄泥巴路。受场地限制，学校连运动会都开不了。"附近村民也说："组织学生跑个步还要借用校外的一条水泥马路，老师们沿路拦着车子保证安全。"Y书记参观完学校后表示："这么多年了，我很少看到这么破的学校，连房子都是危房！"欧阳校长赶忙抓住机会向领导汇报："Y书记，我们现在的运转靠财政拨款，条件改善则完全依赖社会资助，这个脚步太慢了，而且社会资助还是争取来的，有没有要看缘分，其他建设都还没着落呢！乡村教育最终得靠政府来办，乡村学校发展的关键还是政府的支持。"Y书记听罢，当即召集县财政局、县教育局等相关部门，并指出："有关部门要花大力气对金溪中学的校园环境进行提质改造，10月份希望能有相关进展。"得到Y书记明确指示后，欧阳校长欣喜万分，于是开始奔走于各政府职能部门。"后来我就拿着书记的有关报告，从发改局开始，到教育局，又到国土局、财政局……我也记不清来来回回跑了多少部门。"幸运的是，衡阳县在财政极度紧张的情况下，还是为金溪中学拨款了400余万元用于硬件条件建设。

当时还有一段小插曲。欧阳校长算了算，从3月到10月只有7个月，时间紧急，如按照政府部门的审批流程一步步走，审批完再动工改造说不定是一年后的事了，这期间如果发生人事变动等情况，金溪中学则将失去千载难逢的良机。于是他先从财政局入手，软磨硬泡，终于拿到相关经费，然后再到其他部门立项。资金在手，相关项目的进度也就快了很多。

学校从2021年8月份开始建设翻新，欧阳校长时时关注，"大到学校的布局，小到砌墙的一砖一瓦，我都要去设计、挑选、沟通"。欧阳校长为了校园翻新尽心尽力，3个月的时间里，学校就新建了运动场、停车场、围墙、护坡、领操台、食堂配套房屋，并对校园马路进行了硬化，对食堂、小教学楼外墙进行了装修，并对整个校园进行绿化美化。主体工程完工后，校园面貌焕然一新，师生工作学习生活环境大为改善，得到社会各界的一致好评。

机会往往是留给有准备的人，这种事在欧阳校长身上发生了不止一次。2021年3月21日，县政府开会讨论镇上3所学校资金分配事宜。欧阳校长提前了解到，此次资金总额是40万，如果3个学校平均一下，则每所学校能分13万多，由于3所学校中金溪中学的学生人数不占优势，很有可能分到的资金比较少。开讨论会那天，相关工作人员和3位校长约定的开会时间是下午3点，2点铃声刚响起，欧阳校长便早早来到办公室门口等待领导到来。他想快人一步，争取更多时间在领导面前展示金溪中学的发展潜力，为学校争取更多的办学资源。2：30左右，他看到工作人员来上班，于是抓住机会，极力展示金溪中学发展前景与问题，也打动了相关工作人员，最终他成功从这次项目拨款中争取到了更多的份额。

故事4　多方助力

2021年"双减"政策出台，全国各地吹响了"减负"号角。实际上，早在"双减"政策出台前，金溪中学就结合乡镇学生的实际情况，通过"少年宫"开展了多样化的课后活动。少年宫于2020年建成，有舞蹈室、音乐室、美术室、电脑室、书法室等，每个教室都有多媒体设施，艺术类教室还有钢琴、画展架等。课后服务分为自主学习和兴趣小组两大板块。首先学生自己进行学习规划，自主完成作业、复习或预习。接着每天下午四点左右，学校的操场上、教室里到处都是学生参加阅读与写作、播音主持、美术书法、舞蹈等兴趣小组的身影，这些大山里的孩子们通过参加这些活动，兴趣爱好更广泛了，体态仪态更好了，表达能力提高了，自信心大大增强了。

2020年下半年，衡阳市委宣传部副部长、文明办主任来到金溪中学调研，此次调研主要考察金溪中学的校风校貌。学生们对知识的渴望、对生活的热情以及积极向上的精神风貌打动了谭部长，于是她决定给金溪中学联系两个帮扶单位——县检察院和市民政局。此外，金溪中学还因此成为衡阳市百千万艺术童伴——留守儿童关爱工程首批入选的20所示范性学校之一。谈及这两个帮扶单位，欧阳校长很开心："这两个单位对我们学校的支持力度都很大。县检察院2021年资助了10万元给我们建设公共体育设施，还给学生设置了奖学金，年级前20名的学生每人可以获得1000元奖学金。这两年下来，县检察院对我们学校的资助应该有30~40万元。市民政局2021年捐了5万元给学校搞基础建设，还带孩子们去参观市博物馆。以前哪有这样的机会啊，这下子资源全部盘活了。金溪中学很幸运，我们的努力能被人看到。"

【政策回顾】

2. 丰富课后服务内容

（1）中小学校要结合自身条件、办学特色和学生需求，拓展和丰富课后服务项目，增强课后服务的吸引力。

（2）学校充分利用课后服务时间，指导学生完成作业，组织教师对学习有困难的学生进行补习辅导与答疑，为学有余力的学生拓展学习空间，不得利用课后服务时间讲新课；同时，学校应开展丰富多彩的科普、文体、艺术、劳动、阅读、兴趣小组及社团活动，努力满足学生的不同需求。

3. 拓展课后服务渠道

（1）中小学校是实施课后服务的主体，要充分整合校内平台、场所、设施设备等资源，发挥图书馆、博物馆、美术馆、科技馆、科普基地、非遗馆、少年宫、青少年活动中心等校外活动场所作用，为学生参与课后服务活动拓展空间，鼓励有条件的向学生免费开放。

（2）课后服务一般由本校教师承担，学校应积极鼓励和支持教职工在做好本职工作的前提下参与课后服务工作。学校师资力量不足的，可由当地教育部门按照师资均衡配备的原则，组织区域内的优秀教师、骨干教师、卓越教师提供走教服务；也可经当地教育部门批准后，由学校聘请退休教师、具备资质的社会专业人员或志愿者共同参与课后服务工作。

（3）在充分挖潜的前提下，如课后服务仍不能满足部分学生发展兴趣特长等特殊需要的，市、县两级教育部门可通过遴选，适当引进优质非学科类校外培训机构参与课后服务，并建立评估退出机制。

——中共衡阳市委办公室 衡阳市人民政府办公室《衡阳市减轻义务教育阶段学生作业负担和校外培训负担任务清单》（衡办发〔2021〕12号）

四、乡教负荷：教师成长之困，学校职能之思

（一）乡村教师队伍素质提升缓慢

在访谈中，欧阳校长反复表达了对乡村教师队伍整体素质的担忧。他发现目前乡村教师的素质和能力呈下降趋势，难以适应教育改革和发展的需要。究其原因，主要有如下两点。

第一，存量教师个人发展缺乏内驱力。存量乡村教师对职务和职称晋升的兴趣都不大，这与待遇水平和政策导向有关。在现有的岗位结构中，乡村教师职务晋升顺序大致为：普通教师、班主任、教研组长、教导主任、副校长、校长。城市学校的工资结构里有相应的岗位津贴，如班主任

津贴等。但在乡村学校，津补贴没有这么齐全，教师个人的待遇与岗位关联不大，主要与职称挂钩。虽然国家对于乡村教师职称评聘出台了一系列如放宽计算机、英语以及论文要求等倾斜性政策，但乡村学校高级职称职指标少、比例低，教师职称评聘非常激烈，且与工作表现不完全相关，政策引导性不强。因此，普通教师只愿意完成最基本的教学工作，拿着固定工资，对职务和职称晋升兴趣不大，更不愿意配合没有强制要求的非教学性事务。他们倾向于将自己多余的时间用于其他的工作机会。

第二，公费定向师范生留任意愿不强。金溪中学新进教师主要有学区一体化管理、对口支持（如公费师范生项目、"特岗计划"）、定期交流三种渠道。国家和地方政策都在引导优秀校长和骨干教师向乡村学校流动，而本由政府公费培养，在新进教师中教学能力最为突出的，应该为乡村教育服务一定年限的定向师范生群体却一心想往城里跑，并且希望越快进城越好，他们的流失导致了新进教师素质的下降。欧阳校长感慨，在扩大公费定向师范生培养规模的同时，更需要思考如何留住这些师范生的心。

（二）非教学任务"鸠占鹊巢"

欧阳校长无奈地告诉我们，"乡村学校万事皆管，教育却要靠边站"，乡村学校的职责定位被模糊化。"从我的经历来看，一天中有70%时间在完成其他工作，只有30%时间花在教学和管理上。我在群里发的通知，10个通知里面可能没有1个是关于教育教学的，全都是这种检查、那种检查。老师们都是'忙里偷闲'去上课。"各个部门几乎都会定期、不定期地对学校进行检查，乡村学校必须全盘接受，不容置疑。平均算下来，金溪中学每周要接受至少两次检查，检查的内容"五花八门"：有的是与学校相关，如涉及学生安全和教学等，欧阳校长会积极配合；有的则与学校关联不大，是强加的。每次检查之前，乡村教师们都要加班写材料，厚厚的几大本材料是检查的"必需品"，非常花时间。除此之外，迎检"表面功夫"也要做足。不少检查对于本来办学资源就紧张的金溪中学而言是完全无意义的资源耗费，也让乡村学校和原本的职能渐行渐远。

其次，执行非教学任务"费力不讨好"。在当前的环境下，乡村学校主要靠乡镇政府管理，乡村校长无财权、用人权，主要是配合乡镇政府行使事权。政府希望乡村学校成为联系乡镇社区的纽带，特别是希望通过乡村学校影响乡村家长。这个期望是好的。因此政府将各类责任和任务细化，分配到各乡村学校执行，乡村学校需要与多主体互动才能完成。但在具体落实过程中，欧阳校长往往感到心有余而力不足。他举了安全教育实践周的例子，学校要求家长看"防溺水安全教育"视频并将截图发群里。"这个通知发了至少有6次了，但配合的家长非常少。况且，发了截图的家长也不一定真正看了视频，看完了视频也不一定真正有了防溺水意识，那么安全教育的家校协同愿望就落空了，逐渐演变成一种人人厌烦的形式主义。但学校还是要花大量的时间和精力去配合，还是要去推动、去做，校长和老师们真的很无奈。"这些非教学任务让乡村学校和乡村校长越来越难以承受，有些时候还会给家校关系带来负面的影响。

五、我的思考：乡村校长的社区领导力构建

乡村校长的社区领导力是指在学校发展变革过程中，校长积极开发、利用乡村社区教育资源，引导社区参与乡村学校建设，促使学校和社区共同发展的综合能力，其实质是影响力，其特殊性表现在领导活动的社会背景、组织文化、领导对象等方面。[①] 乡村校长在促进乡村社区与乡村学校深度互动上发挥着关键作用，他们既是乡村教育事业发展的灵魂人物，能够有效推动和支持乡村学校、乡村文化的建设和发展，又是乡村社区共同体建设的枢纽和桥梁，即能够有效撬动社会资源，进而引导多元力量参与乡村社区治理。因此，乡村校长可以领导其他主体共同行动，扮演社区领导者角色。

传统上，乡村校长应通过"作为乡贤"这一行为模式在乡村社区中存

---

① 姜超，邬志辉. 乡村校长社区领导力的现实价值与提升策略［J］. 基础教育，2020，17（1）：41－46.

在，他们通常在乡土社会中拥有权力、受人尊敬，拥有较大话语权。然而，当前乡村校长在乡村教育行政权力变迁境况下早已逐渐失去话语权，远离行政权力的核心。如今，乡村校长的状态常常是与所处环境的妥协和对抗。例如，上级行政部门发的信息，得马上回；上级部门的检查，必须按要求严格配合执行；上级部门安排的活动，没有拒绝和商量的余地，必须全部照搬执行。政府对乡村教育的扶持政策往往是自上而下的，从宏观的政策意见到微观的落实措施，其间经历了多次加工和细化，以至于当政策到了乡村学校时已经产生了很大变化，加之乡村学校管理队伍对政策的理解不到位，很多扶持政策无法贯通到乡村学校这最后一公里。[1] 因此，高预期和低实现水平的落差往往让校长感到很无奈。由此可窥知，在行政层面，不论是面对政府部门，还是学校管理，乡村校长并没有足够的权力，但在熟人社会，乡村校长又被赋予了太多责任。

因此，乡村校长要想发挥社区领导力，扮演好乡村教育领导者的角色，需要建设包括理解力、沟通力、执行力、引领力在内的核心能力。这些核心能力是构成乡村校长社区领导力的关键要素，是支持校长社区行动能力和社区领导力的重要能力。

（一）理解力

乡村政策是促进乡村社区变革的重要指导，特别是同乡村教育发展密切相关的城镇化政策、人口政策、劳动力培训政策等。当前，很多乡村校长一方面没有时间去关注教育之外的信息，另一方面根本没有认识到积极主动关注乡村教育发展政策同乡村学校发展之间的重要关联。[2] 因此，要加大对乡村校长政策解读能力的行政支持，定期开展针对国家大政方针的专题培训和研讨会，培养乡村校长养成关注乡村教育政策和地区发展政策的习惯。地方行政部门要与乡村校长建立长效沟通机制，制定地方教育发

---

[1] 杨清溪，邬志辉. 校长领导力：乡村教育发展的新动能［J］. 教育发展研究，2018，38(24)：41-47.

[2] 徐吉洪，满建宇. 忙、盲、茫：乡村校长向何方？［N］. 中国教育报，2015-04-30(006).

展政策时要多倾听乡村校长的意见和诉求。乡村校长须长期关注乡村社区发展政策，了解乡村社区发展大势，尤其是当前阶段国家层面出台的很多农业经济、住房、土地、人口、财政金融、农业信息化等方面的政策。校长只有经常关注这些政策走势，才能判断好乡村社区发展大势，从而增加自己对乡村社区的理解能力和判断能力。

（二）沟通力

乡村教育振兴是一个复杂的议题，并非乡村学校一家便可完成，需要乡村校长立足社区需求，通过资源链接，盘活各类社会资源，建构各种社会关系网络，带动政府、社会公益组织、学校师生、家长以及学校周边社区居民群体等多方主体协同治理。从现实情况看，乡村校长的沟通力很大程度上决定了乡村学校建设资源是否充裕。研究表明，许多乡村校长比较自卑，不爱讲话和表达，在接受培训过程中也只当"倾听者""接收者"，而很少成为"表达者""主动者"。表达自我意愿的观念不积极，则很难推动主体自我的行为发展，也更难通过主体话语或行为感染和召唤他人共同行动。会表达的校长则需要提升在较短时间内有效传达信息的能力。这些都需要立足于扎实的教育学、管理学、心理学或乡村文化等理论基础。欧阳校长无论是在与社会组织还是政府打交道时，都体现出了卓越的沟通力。如欧阳校长积极参加老金溪商会年会，在会上发表演讲，并作为表率带头捐款，唤醒了商会成员参与乡村学校建设的意识和行动，为学校争取了大批办学资金和物资。在县委书记和市委宣传部副部长到校考察时，他抓住机遇，向领导展示了治校成果、呈现了办学难处，又为学校争取了大额的政府拨款和对口帮扶项目，不仅改善了学校的办学条件，还通过帮扶单位大幅增加了学生的文化艺术活动、外出学习机会和教师培训机会。欧阳校长敢于在社会组织面前发表演讲争取善款，这种自信来源于他对金溪中学的了解、对金溪中学与乡村社区关系的洞察、多年在教育一线的浸淫以及深厚的教育情怀；他敢于向上级部门表达诉求，除了他智慧的沟通、处理方式外，支持他行为模式的是他对金溪镇教育形势的了解、对行政部门权力分配行为模式的理解。因此，校长自身需要抓住机会学习和积淀，深化自身的理论底蕴和素养。县级教育行政管理部门应为校长提供专门的合作项目渠道，对校长的理论素养、表达能力等进行专项提升，倒逼乡村校长提升核心能力，更好地服务学校与社区。

（三）执行力

在对乡村政策正确理解，与乡村社区各方力量进行有效沟通的基础上，如何打通政策执行的"最后一公里"和如何加强乡村学校与乡村社区的良性互动是下一步的关键。欧阳校长在落实2021年衡阳市的"双减"任务时，多次参加上级领导组织的研讨会，在会上汇报前期调研情况、发表观点、交流意见。在行政部门意见达成一致后，他在学校领导层开会，结合学校少年宫活动开展情况，讨论、制定"双减"的金溪中学校本方案，初步确定通过开展"自主学习+兴趣小组"的特色课后服务活动以落实"双减"任务，最后在全体教职工层面召开会议进行宣传布置。乡村孩子通过参加这些活动，兴趣爱好更广泛了，表达能力提高了，自信心增强了，前来考察的领导也被孩子们的精神面貌所感动，对金溪中学"双减"工作的开展给予了高度肯定，对学校办学给予了实质性的支持。因此，乡村校长首先应围绕乡村社会公共事务，关注乡村教育中的热点难点议题，在充分调研和最佳实践的基础上，拟出应对策略和方案，向上反映，为政策顶层设计提供参考。其次，乡村校长的执行力也需要团队力量支持。乡村校长应该知人善任，让教职工队伍人岗适应、人尽其才，将示范性强、执行力强的教职工运用到关键岗位，让决策尽快落地。另一方面，资源利用力也是乡村校长执行力的一个重要方面。乡村学校和乡村社区可通过资源共享的方式来建立良好互动关系。乡村学校可以选择时间对乡村社区开放，如学校操场可以限时提供给社区居民锻炼身体、组织一些村集体的活动，学校会议室、教室等可以提供给社区接待较大规模的会议、上级评估检查等。乡村社区资源包括社区的文化馆、乡村少年宫、产业园、社区农业实验区、乡村能人、乡村艺人等，经过校长与社区的沟通和引导，可以根据实际条件向学生开放、向老师开放。学校可以将这些资源视为学生素质拓展基地，甚至是校本课程开发的重要资源。

（四）引领力

理念是行动的先导，乡村校长作为现代乡村社会治理重要主体之一，其理念的先进与否，是影响社区治理创新的重要制度变量。乡村校长应通过先进理念的引领集合形塑社区"共同理念"，创造社区"共同利益"，唤醒跟随者和利益相关者对集体和集体愿景的认同。同时乡村校长还要能够积极引导居民社区参与，并使其关注教育公共事务及发展问题。以欧阳校长为例，他上任后，对教师队伍、学生和周边社区居民的认可和支持非常重视，为赢得这些做了不少改革和努力。一方面，针对工资和学校账户问题，欧阳校长主动让利和开诚布公的做法，为全体教职工建立起相互信任、相互支持的人际关系打下了坚实的基础；评职称时主动将机会让给年长者和多劳者，让他进一步赢得了老师们的尊重，并激发了全体教师队伍的干劲；欧阳校长坚持与学生多见面、多接触，每周五送走所有师生后才离校，让学生们觉得校长并非"高高在上"，获得了学生们的情感认同。另一方面，因与周边群众存在利益冲突，学校的封闭管理是前几任校长都想解决但没能解决的问题，但安全问题是学校管理的大事，欧阳校长不愿让步，认为再难也要做到。为了让学生家长和周边乡民支持这个决定，他作为乡村学校安全管理领域的落实中介，反复与围墙附近的家长和居民真诚沟通，积极引导乡民意识到封闭式管理对于学生安全和学校管理的重要性，将大家都拉到"一切为了孩子，为了孩子的一切"的统一战线上来，提升了社区居民的社区参与感、归属感。欧阳校长最终得以作为乡村社区领导者，带领教师、学生、家长以及社区居民为实现乡村教育和乡村社区发展的美好愿景而一起努力。

第四章 奏响"幸福三部曲"的新生代乡村校长

她是一名乡村女校长,也是一名新生代乡村校长,更是"幸福教育"理念的践行者。"只有先让教师幸福,才能让学生幸福"是她常挂在嘴边的话。她在不知不觉中将"幸福教育"理念融入师资培养、教书育人的方方面面,在不知不觉中用"幸福教育"理念引领学校高质量发展,立志将学校打造成"幸福校园"。

一、案主描述及初印象

蒋龙霞,女,1986年生,湖南省邵阳市新邵县人。2008年从湖南广播电视大学毕业后,先以代课老师的身份进入教育行业,直到2011年通过教师公开招考,回到新邵县巨口铺镇白羊塘完全小学,成了一名语文老师。由于教学能力突出,入职当年就被评聘为小学语文二级教师。2013年她调入新邵县坪上镇中心小学任教并担任语文教研组组长,之后还在少先队辅导员、教导主任等岗位上历练,2021年担任坪上镇中心小学校长。

温柔是蒋校长给我们留下的第一印象。在多次线上访谈沟通之后,应蒋校长之约,课题组成员前往蒋校长家吃饭。见到她时,她化着淡妆、穿着粉色的旗袍站在路边,热情地冲我们招手。我们礼貌地喊着"蒋校长好",但是她却回答:"不要叫我蒋校长,这样会让我觉得很有距离感。你们叫我蒋老师吧,或者和我的学生一样,喊我一声'蒋哥'。"说完粲然一笑,我们瞬间觉得和蒋校长亲近了许多。一路走着,她看着我们提着一袋水果,就说:"来我家吃饭,不要带什么东西,等会你们走的时候自己带回去吃啊。"走进蒋校长家,蒋校长的妈妈正在厨房做饭,家里的小朋友热情地迎上来和我们打招呼。聊天中我们才知道蒋校长的孩子在长沙读书,她自己在坪上镇工作,属于"候鸟型"乡村校长。一顿饭的时间,我们和蒋校长边吃边聊,她随和温柔,就像熟识很久的知心"大姐姐"。

二、校长是如何炼成的:在困难中成长,于挫折中寻找幸福

(一) 从业缘起:偶然中的必然选择

1. 榜样示范树立职业理想

蒋龙霞是土生土长的农村人,在乡亲们看来,老师是一份神圣的职业,她打小就被这种观念所影响。"我姨妈就是一位老师,经常在我耳边念叨,说老师这个职业很好,能够帮助很多人。可能就是因为这个,我小时候的梦想就是长大后当老师,觉得教师是一份很神圣的职业,拥有神一样的光环。从小我就是农村孩子中不太乖的那一个,经常被老师批评,用邵阳话说就是'比较跳'。但是老师们还是挺喜欢我的,因为我特别尊重他们。"

在聊到对她从业选择影响最大的人时,蒋龙霞提到了她读初一时,学校新分配来的一名公费师范生:"她恰好教我们班的英语。那时妈妈总喜欢给我扎小哪吒一样的发型,她总是笑眯眯地喊我'扎小哪吒头的小女孩',而且经常在课堂上叫我起来回答问题,我觉得自己是被她关注、受她喜爱的,也觉得她好甜好可爱。"蒋校长回忆,这位英语老师吴老师(化名)课后经常和她聊天,说:"世界上只有老师什么都愿意教给学生,没有任何藏私。你的性格很适合当老师,说不定我们以后会成为同行甚至同事。""吴老师还跟我说,每个老师都有自己的教育梦想,她的梦想就是把每个孩子教育成理想的模样,从而实现自我价值,她说过的这句话我一

直铭记于心。"在学生心目中,兼有爱心和知识的老师才是"好老师"。师生间真挚的情感,会使学生自觉地尊重教师的劳动,愿意接近老师,希望与老师合作。学高为师,德高为范。作为传道授业解惑者,教师的一言一行会深刻影响着学生,老师无意中的一件小事都可能成为孩子铭记一生的恩情。对此,蒋校长深有感触,跟我们分享了一个和吴老师之间的暖心的小故事。

故事1 暖心的陪伴

蒋龙霞在乡村上的小学,受制于当时的经济条件,只要涉及学校收费,家长就会异常敏感。初一按照学校惯例应当寄宿,但是,她读初一那一年,学校晚自习上课收费被家长举报,所以学校不再组织学生集中晚自习,学生们在校写完作业,下午6点钟就放学。蒋龙霞家离学校的距离不远,步行大概十二三分钟,但她做作业比较拖沓,总是最晚写完的几个孩子之一。夏天下午6点放学,天还没黑,她可以一个人回家,不害怕。但是一到冬季,6点天就暗了,再加上那时乡村道路照明情况较差,她一个人走夜路,脑海里经常浮现出乡村流传的那些牛鬼蛇神的故事,特别害怕。

吴老师特别贴心,每次都会陪着蒋龙霞把作业写完,还会在旁边安慰她:"不急,老师会送你回去的,你放心,慢慢写。"等她写完作业后,吴老师又拿着手电筒陪着她走上回家的路,且一定会送她走到有灯光的地方,才会折返。甚至,有时候吴老师知道她没吃饭,还会叫她去自己家吃饭。假如吴老师当天有事,还会提前打电话让她的父母来接。

蒋校长回忆道:"吴老师陪我写作业的这段时间让我印象深刻,她细心的陪伴让我时隔这么多年依旧感到温暖。后来,吴老师因为教学成绩优秀被调到了另外一个镇。她离开我们学校之后很长一段时间,我的情绪都非常低落。"

2. 兜兜转转回到梦想"原点"

初中毕业之时,蒋龙霞面临报考公费师范生还是继续读高中的选择。虽然她心中一直怀揣着当老师的梦想,再加上吴老师的影响,以及家人的鼓励，报考免费师范生无疑是实现梦想最近的阶梯，但是看着已经考上高中的哥哥，她犹豫了。那时的她认为，读高中就业面会广一些，如果读了公费师范生，今后唯一的出路就是当老师。于是，在经过激烈的思想斗争之后，她决定去读高中。谈到这段当年的心路历程时，蒋校长意味深长地对我们说："因为那时年龄比较小，心智不成熟，还不能独立思考，不知道在面临人生大事时到底该如何选择。有时候我们只有经历过了，才知道该如何为自己做选择。"

高中三年后，蒋龙霞高考落榜。她硬着头皮复读了一年，无奈第二年成绩依旧不理想，没能考上心仪的学校，最终被湖南广播电视大学录取。蒋龙霞一度认为当老师的梦想已经破灭，想着毕业能找份工作就行。可临近毕业，何去何从？她又陷入了迷茫。机缘巧合下，她和在县教育局工作的舅舅聊起了找工作的事情。舅舅说现在找工作越来越难，建议她去参加教师招考。因为舅舅的一番话，加上身边朋友、同学的鼓励，蒋龙霞随后踏上了教师招聘考试的道路。回想起这些，她感叹道："可能真的跟教师行业有缘，有时候机会来到身边，我们就要去碰碰运气。我的运气比较好，兜兜转转，最终还是成为了一名人民教师。"

（二）成长之路：教师"小白"的华丽蜕变

1. 主动向名师学习

2008年，蒋龙霞从湖南广播电视大学毕业，进入巨口铺镇白羊塘完全小学代课。2011年，经过三年的努力，蒋龙霞通过教师招聘考试，取得了教师编制，担任语文教师。2013年，她调至新邵县坪上镇中心完全小学，先是担任数学老师，之后由于学校师资的变动，又重新当回了语文老师。"语文是我最擅长的科目，但是由于各种原因，我不得不去教数学，由语文到数学之间的科目转换于我而言真的是一个全新的挑战。"后来，为了满足学校教学需要，蒋龙霞还陆续承担了科学、道德与法治等学科的教学任务。由于师资短缺，在乡村学校一个老师教好几个科目的现象很常见。她有些无奈地说道："我们乡村教师得是全能型选手，样样都能教。"

在刚换到数学学科时，蒋龙霞既失落又迷茫，为此，她向学校当时的张校长请教。张校长安慰她:"不会可以学习,我们学校有一名非常优秀的数学老师,叫刘珍珍,只要你愿意跟她学,以后一定是个骨干教师。刘珍珍老师在我们学校一直是一个神话,就算是倒数的班让她教,也会变成第一名。"

蒋龙霞听取了张校长的建议,坚持每天去听刘老师的课,她发现刘老师上课确实有自己的方法,而且很舍得付出。"她每次上课之前都会根据上一节课的知识点,编制一些口算题写在小黑板旁边,上课铃响后就邀请学生上台计算。简单复习后,才开始上新课。她会根据学生完成的时间来评估他们掌握知识点的情况,短时间内也不会点同一个学生重复上台,以保证所有的学生都能有机会。刘老师讲授每一个知识点都很透彻、扎实。她好像拥有一步一步把你引到她的世界中,让你不由自主跟着她的思路走的魔力。更重要的是,她会利用下课、中午吃饭及下午放学后的时间,给那些还没有学到位的学生单独辅导。一名小学老师每天上四五节课已经很疲惫了,还有备课、学情研究、批改作业等其他工作,但她还能额外辅导学生,我真的很佩服。"蒋龙霞被刘老师的精神深深打动,至今提起她时,崇拜、赞美之情仍是溢于言表。

2. 形成自身教学特色

在听了刘老师一个月的课之后,蒋龙霞对如何教授数学学科有了一些底,她也懂得了要成为一名好老师,课上课下要花很多的功夫。她试着照搬刘老师的教学方法,但发现刘老师的方法不太适合自己,于是她借鉴了刘老师的教学方式,再根据自己的教学特点进行改造。她发现,老师要舍得把时间让给学生,让学生自己去思考。"老师真的不能讲得太多,天天在讲台上碎碎念,学生完全是懵的状态。我们应该要给学生思考的时间,让学生带着问题去学习,自主探索,尝试解决,教师再去解释、授课。这样教学过程完整,效果也不错。"蒋龙霞愿意向名师学习,但并不是对他人的教学方法进行简单效仿。她先将好的教学方法进行内化,结合自身特点,又在实践中结合学生的反响,加以改造优化,最后形成适合自己的教学方法和教学风格。就这样,在日积月累的磨炼中,蒋龙霞逐渐适应了学科转换。

3. 团队的力量

在多年应试教育的影响下，教师评价标准过于单一，老师们之间的竞争多于合作，中小学教师队伍中存在团队精神不强的现象。"一个人可以走得很快，但一群人才能走得更远"，一次公开课的经历让蒋龙霞意识到团队协作非常重要。一堂精品课是大家共同努力的结果，光靠一个人单打独斗很难上好。说到这时，蒋校长拢指成拳，向我们比划着团队协作的力量，和我们分享了两则故事。

故事2　A4纸上的集体智慧

蒋龙霞在坪上镇中心小学任教期间，有一次她的师父张校长要求她上大型公开课。她当时很紧张，害怕自己上不好，于是请求张校长帮她磨课，张校长答应了，还邀请了学校的教导主任周主任一起参与。"他们两个真的让我非常感动，大家白天都要上班，所以只能晚上来我家里给我磨课。他们会一遍一遍询问我，这堂课的主要教学目标是什么？要突出什么样的重难点？如何让别人看到你的教学风格？每天晚上，我先拿一个初步的教案出来，告诉他们我打算如何上这堂课，然后他们会根据我的教案和讲述提出修改意见。这时，我便拿着一沓空白的A4纸坐在他们旁边，不停地记录。"

在训练过程中，张校长和周主任还会经常问蒋龙霞诸如"怎样将你的教学设计更好地用语言表达出来？""这里该设置怎样的教学活动？"等问题。在回答这些问题的过程中，蒋龙霞不断反思，课也越上越好。"我按照他们的意见修改好教案后再继续试讲，每次修改教案的时间大约为一小时。我每天拿出来的空白A4纸都密密麻麻地记录了大家的集体智慧。我现在都记得周主任当时对我说的话：'每个人的成长之路都不一样，如果有人愿意为你付出，愿意带着你在教学方面一步一步地往上走，你的路会顺很多。'后来我当了学校教导主任，就特别强调教师要有团结协作的意识，并且要把这样的意识外化于行、内化于心。多发挥集体的力量，能提高工作效率；多开展公开课，好让大家相互交流学习。后来，在我们学校，只要有老师上公开课，所有的老师都愿意无条件地帮你。这种分工合作、互帮互助、团结协作的精神和氛围，在我们坪上镇中心小学一直都在。"

故事3 比赛前夜的6小时

2017年,蒋龙霞在坪上镇中心小学的教学比赛中获得了第一名,需要代表学校去参加县级小学语文素养大赛。这场比赛从上课、粉笔字、知识竞赛、才艺表演四个维度进行考核,四个单项均是优秀,才能拿到一等奖,获奖难度大。最令人紧张的是时间安排,第一天抽题目,第二天早上就要正式比赛,蒋龙霞压力很大。

她找到了镇上最优秀的语文老师,也是她的初中老师兼教导主任——李老师(化名)帮忙辅导。李老师在语文教研方面非常有特色,她的每节语文课都激情洋溢、声情并茂、引经据典、引人入胜。"当时,她的孩子才八九个月,晚上必须哄孩子。她喊我晚上去她家帮我辅导,想到小朋友还这么小,我就不好意思过去。但是蒋老师说,就是因为孩子太小不方便带出门,要不然她就来我家里给我辅导。我立刻拿着比赛的题目去她家,到她家已经是下午6点,她立马和我一起投入到研讨中。她帮我想了很多新颖的点子,比如怎么导入新课,如何和学生互动等。我俩都十分投入,忘记了时间,准备离开的时候,我看了一眼墙上的钟,才发现已经是午夜十二点了。"

比赛前夜这6个小时的"辅导"让蒋龙霞非常感动。这种无私奉献、团结合作的力量让蒋龙霞在教育路上一直铭记于心、感恩至今,她在当校长之后更是十分注重团队建设,希望所有教师能一起向好发展。

(三)晋升校长:幸运与努力并存

2018年9月,蒋龙霞开始在坪上镇中心学校担任教导主任。2021年8月左右,她接到通知,上级将派人来学校对她进行考察,她原以为这只是一次日常的工作巡视。"我之前对自己的职业规划是从普通教师到少先队辅导员到教导主任再到副校长,最后再成为校长,这样一步一个脚印慢慢地成长。当考察的人员离开后,学区主任告诉我,她们此行的真正目的是考察我能否担当校长一职。当时我真是被吓到了,整整一晚上都没睡着。"

蒋校长回忆起这次考察，至今都觉得不可思议。"当我听到自己可能会成为校长时，我的第一想法并不是雀跃，而是感觉自己身上的担子更重了。从小到大，我对于校长的印象仍停留在"男性""年长"等刻板印象里。而我作为一名女性，当时30出头，还要带孩子，确实有些慌张和不知所措。当晚，我辗转难眠，毕竟学校有这么多优秀的老师，我又何德何能越过副校长这一步直接成为校长呢？"

蒋龙霞一直将自己的校长进阶之路归结于幸运，很少谈及她在背后所做出的努力。根据课题组成员与蒋龙霞的多次访谈，结合学校的其他领导对她的评价，我们总结了三点蒋龙霞快速晋升为校长的原因。第一，校长队伍需要注入新鲜血液。"年轻校长的想法和老一代校长的想法有很大的不同，学校要有所突破，需要年轻人去闯去拼，这是我的直系领导曾经和我说过的话。他认为校长必须要有比较前卫的教育思想，才能将学校发扬光大。"而蒋龙霞就具备这一特质，她非常重视幸福教育，一直强调只有让每位老师幸福，才能让学生幸福。第二，蒋龙霞的家庭和工作兼顾得不错。蒋龙霞不论是语文科目还是其他科目的教学成绩，都名列前茅。在学校劳累一天之后，她还要照顾尚在襁褓之中的孩子，家里的事也都处理得井井有条。综合来看，说明她能力不错。第三，她乐于助人，能团结同事，肯吃苦，配合度高。在课题组成员与她的聊天中发现，她平易近人，非常好相处，没有一丝距离感。"好多人说我的性格就和男孩子一样，大大咧咧的，不喜欢计较，也比较单纯。而且，我不怕困难，愿意吃苦，学校的苦活、累活、重活我都自愿报名，也会尽力配合每一位老师的工作。用湖南话来说，就是我吃得苦、霸得蛮。"说到这她爽朗地笑了。

爱默生曾经说过："人生最美丽的补偿，就是自己真诚地帮助了别人之后，别人也真诚地帮助自己。"这一点，蒋龙霞在当校长后感受很深。"因为我之前比较配合其他老师的工作，所以我当了校长后，其他的老师也都很配合我的工作。而且，我成为校长后，并没有感觉高人一等，相反，我觉得应该做好服务保障工作，让一线教师更加安心教学。一旦有老师提出建议和要求，我会马上回应或解决，而不是推诿搪塞。"身为校长，帮助一线教师解决问题是分内职责，但这些细致的工作需要耗费大量的时间和精力,要很有耐心,蒋龙霞作为新晋校长,从未有丝毫的畏难与抱怨。她的工作,让整个坪上镇中心小学都洋溢着幸福的气氛。

三、治校经验:弘扬教育本真,践行"幸福教育三部曲"

教育家陶行知曾提出"生活教育"理论,指出生活场景下的学习对象、技能与语言,乃至思维与品行,才是开展教育的最佳选择。无心插柳式的教与学,却可以百分之百地浸润于真实的生活之中。从一线普通教师到担任校长,蒋校长非常熟悉教师、学生及家长的心理活动。她将"幸福教育"理念融入学校教育的方方面面,努力构建具有幸福感的教师团队,引领具有幸福感的家长团队,打造具有幸福感的校园文化,培育具有幸福感的学生群体。她坚定地认为自己只是做了一件平常的事情,就是通过实施幸福教育,让在坪上镇中心小学的每一位学生在学校幸福成长,为今后的幸福人生奠基。

(一) 教师和教师间"幸福的双向循环"

1. 团队协作共同进步

当今的社会对教育的期待值越来越高,仅靠教师个体孤军奋战已寸步难行,因此教师团结协作就显得尤为重要。蒋校长几次准备公开课的经历更是佐证了这一点。"提升教师队伍的整体教研能力是我现在迫切想做的一件事情。我们坪上镇中心小学的老师跳槽率太高了,所以我想通过教师之间相互协作,帮助全体教师更好地成长,让他们感受到团队的力量和成功的喜悦,提升教师的幸福感,让更多的老师愿意留下来。"

蒋校长在学校提出了"三人行"教研能力提升方案,即三个人一起备一堂课:一位年轻老师上课,一位成熟型老师说课,骨干教师或教学能手评课、打分。老师们自由组队,自行选课,先试课,后磨课,再研课,经过多次研磨后向大家呈现出最终的精品课堂。"以前有些老师畏难、不想提升教研能力。有些老师心想就算自己上不好这堂课,总有上得好的老师,不着急学习。但'三人行'开展后,这种现象得到了改观,学校的教研现在慢慢有了一些起色,教师们在这个过程中都得到了锻炼和成长。'三人行'需要三位老师都认真学习课标,年轻老师不学课标上不了课,成熟型老师不学课标说不了课,骨干教师不学课标评不了课。如果年轻老师某堂课打分不够理想,下次还要接着上这堂课,团队的三位老师脸上都会无光,大家都会有压力,所以都不敢懈怠,都会朝着上好一堂课的目标努力。'三人行'活动会一直延续下去,唯一不足的是缺乏对课标的深度研究,老师们需要去长沙等地培训,加强对新课标的学习才能够更专业。"

2. 文娱活动缓解压力

乡村中,休闲场所和娱乐设施普遍匮乏,乡村教师大多以打牌、打麻将、看电视作为业余消遣,这些娱乐方式不利于他们教学能力的提升。[①] 长期枯燥单调的生活容易给乡村教师带来厌烦感和抑郁情绪,也势必会影响乡村教师工作的积极性。蒋校长认为,帮助学校教师丰富业余生活、缓解压力是最能增加教师幸福指数的方式。

"教师有幸福感、教师队伍有凝聚力,学校才会拥有积极向上的氛围,才能感染我们的学生。我希望我们学校的每一位老师,不管是在工作方面,还是家庭方面,都能感到幸福。这是我一直想要追寻的教育理念和教育方向,也一直在为之努力。"在蒋校长的带领下,坪上镇中心小学经常开展校园活动,帮助老师们舒缓心理压力,提升凝聚力。如三八妇女节的趣味游戏活动,老师们组队投球赢红包、爱心背气球,其乐融融;还有足球、篮球比赛,合唱比赛等,这类比赛能提高教师们的集体精神和团队凝聚力。"这些活动让老师们从繁重的工作中暂时解放出来,得到放松,而且在参与活动的过程中大家也更加熟络,团队凝聚力也增强了。

(二)学生和教师间"幸福的双向传递"

1. 社团活动拉近师生距离

坪上镇中心小学除了经常开展帮助老师进行心理减压的校园活动外,还开设了丰富多彩的社团兴趣课,如篮球课、足球课、合唱课等。老师们

---

① 周立环. 乡村教师的生存境遇及对策研究 [J]. 世纪桥, 2016 (1): 64-65.

填写《入职表》时，学校就会用心地调查并记录各位老师的兴趣爱好。入职后所有教师可以按照自己的兴趣爱好选择加入各个社团，根据自己的时间安排和其他老师、学生们一起上课。蒋校长和我们聊到这儿时眼睛里"有光"："像我喜欢跳舞，跳舞能缓解压力，我就创建了一个鬼步舞组。我喜欢这样的集体活动，如果只有我一个人去，我可能坚持不下来，但是有了这个小组后我和小伙伴们有了约定，便可以坚持每天去跳舞。我们学校还有教剪纸的美术课，还有手工课、书法课、合唱课，甚至还有民族舞课、拉丁舞课。老师在给学生上课的时候，其他没课的老师也都可以来跟学生们一起上课。"坪上镇中心小学的师生们都很喜欢这样的课程和方式，参与到社团兴趣课中，既平衡了生活与工作，又放松了身心，更重要的是，大家之间的距离也拉近了。

2. 师生共创守护校园

在正式见面之前，我们一般通过微信和蒋校长交流。我们在她的朋友圈和坪上镇中心小学的视频号里经常看到一些有教育意义的宣传片，令我们惊讶的是，视频里的"演员"都是坪上镇中心小学的学生，个个演技精湛，不输一线明星。

当我们问及视频创作的动机时，蒋校长说："因为孩子们年龄小，很多事情光靠说还不够。比如我们经常在广播里告诉孩子们不要这样、不能那样，喉咙都喊破了也没什么效果。我觉得我们的宣传方式要有所突破，在今天这个时代，如果还是用老一套的方法，我们就会被时代所淘汰。"有了这个想法后，蒋校长开始付诸实践。经过她观察，她发现学校里乱扔垃圾的问题比较严重，亟待解决，于是她决定先从策划一个"不乱扔垃圾"的宣传片入手，这个题材既贴合学生生活实际，又比较简单，易于拍摄。这个宣传片的目的是教育学生养成不乱扔垃圾的习惯。宣传片的制作分几步走：第一步，蒋校长找到负责这方面工作的政教主任，和他讨论自己初步的构思和想法；第二步，政教主任找到了一位体育老师作为帮手，他们俩一起创作剧本；第三步，在学生中寻找合适的小演员并拍摄视频；第四步，把宣传片发给每个班主任，每个班播放，放完后由老师进行引导教育；第五步，向学生普及垃圾分类的相关知识。

尽管拍摄过程困难重重，但这个"小试牛刀"的视频还是保质保量地按时完成了。一经播出，就在学校引起了强烈反响。学生们惊奇地发现小英雄、小雷锋就在自己身边，就是自己的同学，同时也会憧憬着成为小视频中的"演员"。"学校不能只教学生应试的本领，生活的常识、社会的规则、做人的原则等也要教给他们。农村的孩子可能从小自由散漫惯了，不管是在家里还是在学校，都缺乏一些好习惯。如果我们帮助他们从小事出发，先把小事做好，那么他们会慢慢觉得做好大事也不难。就像乱扔垃圾这件小事，由于我们国家人口基数大，如果每个人都能做到不乱扔垃圾，那我们的国家岂不是会更美好？"显然，蒋校长深谙"大处着眼、小事做起"的管理之道，让学生从行为、礼仪、礼貌、品行等方面进行点滴积累，施以正面引导，使其逐步成为一个品格良好、对社会有益之人。

（三）学生和学生间"幸福的双向成长"

1. "校本教材"创新课堂形式

在深化课程改革的新形势与新要求下，结合学生学情，创新课堂新形式成为新趋势，并成为教育教学改革的主旋律之一。蒋校长回忆，起初，开发校本教材是坪上镇中心小学多年来一直坚持做的一项工作。后来，依托校本课程，学校又创新了课堂形式。

校本教材的开发，必须按照《基础教育课程改革纲要》的要求，根据本校发展的需要和学生实际，在充分调查了解学生需求的基础上，根据本校的办学理念和发展方向，通过收集、占有、整理、归纳学校或学科资料来进行编写。校本教材的开发除了必须体现校本（本校）的特色外，还应坚持目的性、针对性、实用性、趣味性、独特性、拓展性等基本原则。基于这些原则和理念，坪上镇中心小学开发了不同层次、不同难度的校本教材，以促进小学生全面发展。"以我曾经参与开发过的语文校本教材为例。首先，我们要找到适合每个年龄段的不同教学素材，然后将其汇总、编好，在学期开始前打印出来发给每个班主任，并且要求每学期必须完成这些任务。每一个年级的校本教材都不同，比如一、二年级的学生读儿歌、简单的《弟子规》和《三字经》，三、四年级的学生读复杂一点的《弟子规》和简单的古诗词，五、六年级的学生读《唐诗三百首》。从一年级到六年级，小学阶段必背的诗歌就几首，所以务必要让学生在毕业之前都能背诵。"

坪上镇中心小学将每天早自习的前八分钟定为阅读学习校本教材的固定时间段，每周安排学习一至两首诗词或者歌曲。这个时间既不会耽误后续的课程，又可以通过大声诵读让学生快速进入学习状态。为了让学生喜欢上校本教材，学校采取了很多方式帮助学生学习。首先，通过老师对诗歌的讲解，让学生更好地理解诗歌的含义和意境。其次，创新课堂学习方式，如拍手、唱歌或者吟唱等，提高学生学习兴趣。这样寓教于乐的方式让学生愿意参与其中，极大地调动了他们的学习积极性，培养了他们的学习自主性、能动性和创造性，潜移默化中全面提高了学生的知识素养，也创新了课堂形式。

2. "图书角"滋润幼小心灵

古人云"读书破万卷，下笔如有神"，图书是人类的知识宝库和精神粮仓。学校图书室是师生书刊资料信息中心，是开设第二课堂教学的主要场所。《中小学图书馆（室）规程》总则指出："图书馆是中小学校的文献信息中心，是学校教育教学与教育研究的重要场所。"然而，乡村学校图书室的作用，似乎大多只用作检查验收时的摆设。如黄国英、叶翠《乡村小学图书室建设调查分析——以长株潭地区为例》的调查发现，[1] 被抽样的六所乡村小学图书室大多数采用的是班级统一借阅的形式，也就是班级派一两个学生代表全班同学在学期之初借出图书到班级图书角。图书室在阅读课时间对学生开放，其他时间不可以进入图书室借阅，利用率极低，甚至一些学校一学期、一年也没有一次真实的借阅。但是，坪上镇中心小学的图书室并非如此。

坪上镇中心小学开展了"书香活动"。蒋校长的前任校长认为学生应该多阅读，阅读能提升学生的见识，丰富学生的课外知识量。基于此，他

---

[1] 黄国英，叶翠. 乡村小学图书室建设调查分析——以长株潭地区为例 [J]. 图书馆，2019（8）：99-103，111.

建议在每个教室里装一个书柜，将学校图书室的书籍按学生的年龄分类，分发到每个班级。每个班级设置一名"图书管理员"，负责本班的借书、还书管理工作。不仅如此，学生们还把图书角布置得温馨美观，书籍摆放得整整齐齐，墙上点缀精致的折纸和贴画。"我读小学的时候，学校的图书室都是不开放的，每个教室里也没有图书柜，学生想读书但是没地方借，自己买书又贵。我们坪上镇中心小学自从开展'书香活动'后，学生们经常聚在教室的图书小角落看书。同年级的学生把自己班级的书籍看完一遍后就会和其他班级交换，升到下一年级后又有其他适龄的图书可以阅读。我们图书室有几千册书，可以充分满足孩子们的阅读需求。如果学生万一不小心把书弄丢了，可以将自己任意的书放回来，无需赔偿。"

四、乡教负荷：内外夹击，负重前行

作为一名土生土长的坪上镇人，相较于其他"外来校长"，蒋校长对坪上镇有着天然的亲切感。在坪上镇工作近十年，从一线教师晋升为一校之长，蒋校长一直情系教育，不忘初心。在这个过程中，她也曾遇到很多困难，但她始终以乐观积极的心态坦然面对，寻求正确的出路。对于乡村学校的留守儿童问题和乡村师资流失这两个社会性问题，她一直在努力地寻求解决方案。

（一）家庭教育缺位，留守儿童缺乏正确引导

家庭教育伴随人的一生，影响人的一生，对一个人的成长成才至关重要。教育家蔡元培先生说："家庭者，人生最初之学校也。"认识家庭教育对个体发展的重要作用，对于我们每个人、每个家庭乃至整个社会都有着十分重要的意义。但是，由于经济原因，大量农村剩余劳动力外出务工，其中很大一部分是夫妻一起外出，导致孩子成为留守儿童。缺乏父母监护和教育，孩子身心健康、学习生活不同程度地受到影响，代际教育的弊端尤为突出。

坪上镇中心小学很多孩子的家庭就是如此。孩子父母务工城市的许多公办学校不接受"外来户口"的学生，只有学费昂贵的私立学校可以就读。家长为了节约开支，同时也为了不影响孩子的读书稳定性，不得不将孩子留在老家读书，将抚育孩子的任务交给老人。蒋校长跟我们讲述了现在城市和乡村育儿理念的差异："在城市，家长每天都守着学生学习，老师怎么不轻松呢？为什么在乡村管理学生是最关键、最头疼的问题呢？因为很多乡村家长不管，导致学生在家不学习，在学校读了五天书，回家玩两天就什么都不记得了，五加二等于零。我们老师做家长的思想工作，让他们配合学校在家对孩子的学习做好监督、管理工作，家长不听，还反馈说：'我的话孩子从来不听，只听老师的话。'如果每个家长都这样想，老师的工作就非常难做。"说到后面，蒋校长的语调越来越轻，最终化成一丝叹息。

坪上镇中心小学特别重视家校合作，之前还成立过"家长协会"。"以前我们学校在家庭教育这一块做得挺好的，有家长协会。家长协会由一名名气大、威望高的家长做会长，负责牵头进行学校与家庭之间的沟通工作，其他家长都比较听会长的话。但现在选不到这样的人了，家长们都有自己的主见。"蒋校长告诉我们，家长协会已经不存在了，问及缘由，她谈到了两点："第一，老会长卸任后，没有家长愿意接班。第二，班主任有难处。家长协会作为一个组织，需要少量经费作为支撑，但是在乡村地区，收费是一个很敏感的问题。学校一旦收费，不论多少，都可能被举报。所以，班主任们认为多一事不如少一事。"

（二）乡镇学校成为"跳板"，优秀师资"薪火难继"

2019年9月10日，"人民日报"新媒体曾报道："武汉大学乡村治理研究中心调查一个乡镇中心学校时发现，近5年来该校新招聘的乡村教师流失率达45.5%，留下的一些老师在等待调走时机，处于'人在心不在'的状态。"[1] 这篇报道指出的情况并不只是个案。教师流失会对学生、学校

---

[1] 人民日报．一乡村学校教师流失率达45.5%，莫让优秀教师"薪火难继"［EB/OL］．(2019-09-10)［2023-06-26］. http://baijiahao.baidu.com/s? id=1644278865321722240 & wfr=spider & for=pc.

都产生巨大的影响。对学生而言，教师流动率高会影响课程衔接和教学质量，同时让学生对学校的稳定性和信誉度产生怀疑，影响其对学校的忠诚度和归属感，进而失去学习兴趣，降低学习期待。这两方面恶性循环，必将导致一些学生产生消极心理，失去奋斗的目标，甚至虚度年华。对学校而言，培养一名优秀教师需要花费大量的人力物力：培养一名合格的教师需要三到五年，培养一名优秀的教师则需要五到十年的时间。教师的快速流失，会极大地挫败学校培养教师的积极性和主动性，不利于学校建立稳定有序的教师队伍。

坪上镇中心小学地处邵阳市与娄底市交界处，离高铁站近，交通的便利在一定程度上助推了教师流失率提升，许多老师仅将这里作为跳板，边上班边备考，寻求更广阔的发展平台。据蒋校长介绍，坪上镇中心小学现有学生968人，教师54名，其中男教师7名。近几年新进教师较多，老教师只剩几位，且都临近退休，全校教师的平均年龄仅为32岁。但是，这54名教师中，能真正参与教学的一线老师只有40人，原因在于有部分教师被借调至隔壁县城学校，让师资更加捉襟见肘。"许多教师在坪上镇中心小学任教三至五年后，会考去县城，考到长沙，或者想办法调到离县城更近一点的学校，所以我们学校的老师更新速度特别快，来了一批又一批，走了一批又一批。大家戏称我们学校为培养老师的'摇篮'，刚培养好就走了。"对此，蒋校长很无奈，但也表示理解。"人往高处走，每个人都想要进步，想去更好的平台，作为校长我也不能阻止他们。我们应该让优秀的人发光发热，而不是把优秀的人才困囿在这一小方天地里。优秀师资能为乡村服务一定年限，也已经挺好了！"

五、我的思考：提高教师幸福指数，幸福教师培育幸福学生

教师的职业幸福感，是指教师在从事教育教学工作时基于需要得到满足、潜能得到发挥、能力得以提升所获得的快乐体验。幸福是教育追求的

终极价值。只有幸福的教师,才能创造幸福的教育;只有幸福的教育,才能造就幸福的学生。对于一名教师而言,最大的幸福是将幸福传递给每一个学生,看着学生们健康快乐地成长,就是教师最大的幸福。提高乡村教师的幸福指数,营造幸福教师、幸福学生的氛围,使"幸福教育"的核心价值理念不断渗透到教学中,才可以让师生共享教育的幸福。

(一) 培养卓越型全科教师

根据2022年9月14日《中国信息报》的报道,国家统计局青海省黄南藏族自治州调查队曾在当地做过调研,九成受访乡村教师兼职科目在2门及以上,一人教授的科目达3门及以上的占比48.8%、2门的占比39.5%,且音、美、体专业老师配备不足。可见,多学科教学在乡村学校非常普遍,蒋校长也是在任教语文和数学之间来回切换。久而久之,乡村教师们容易变成什么都会,什么都不精,对教师自身专业发展和教育教学质量的提升都很不利。

针对此现象,国务院办公厅、教育部等提出了应对之策——培养全科教师。小学全科教师是相对于小学分科教师而言的,是指掌握教育教学基本知识和技能、学科知识和能力结构合理,能独立承担国家规定的小学阶段各门课程的教学工作,从事小学教育教学研究与管理的教师。2010年,教育部师范教育司时任司长管培俊提出,探索"文化基础教育与教师养成教育相融合的农村小学全科教师和幼儿园教师培养模式"。2014年,教育部提出"针对小学教育的实际需求,重点探索小学全科教师培养模式"的改革重点和目标要求。此后,国务院办公厅、教育部等五部门也都把"全科教师"作为我国农村(乡村)教师培养的改革方向。自此,"农村小学全科教师"(以下简称"全科教师")成为基础教育领域的前沿和热点问题,探索构建全科教师培养的理论架构和实践模式,成为乡村教育教师队伍建设的新思路。[①] 具体如下。

[①] 满忠坤."应时之需"与"卓越追求":农村小学全科教师的名与实之辨[J]. 教师教育研究, 2019, 31 (3): 39-44, 60.

第一，明确小学全科教师培养定位。小学"全科教师"这一概念是在借鉴西方发达国家教师教育发展经验的基础上，充分结合我国的基本国情，针对我国小学教育存在的诸多问题提出的培养理念。[①] 因此，我国培养小学全科教师一定要根据我国小学教育发展的基本现状予以明确定位。首先，全科教师不是"各科全扛"的"万金油"。我国部分地区在对于全科教师的认识和实践中，存在把全科教师错误理解为"能够胜任农村小学阶段的所有学科教学和班主任工作的教师"的误区。这样的认识和目标定位，既不现实，也经不起专业的审视。[②] 其次，全科教师也并不是"语数外通吃，体音美全扛"的"包班制"教师。这样"高大上"的培养目标既违背了教师专业发展的基本规律，也不符合我国培养全科教师的目标定位。结合农村小学全科教师的"多科多能"培养目标，我国小学全科教师的培养目标是：适应国家基础教育改革发展要求，培养德、智、体、美、劳全面发展，有理想信念、有道德情操、有扎实学识、有仁爱之心，具有良好的人文素养和创新意识，较强的就业能力和可持续发展的能力，掌握小学全科教育专业知识，具备社会责任感、创新精神和实践能力，面向教育行业，能够在农村从事基础教育工作的合格小学教师。综上，全科教师是一个现实性、针对性很强的实践问题。小学阶段——特别是低年级——单就知识教学而言，并无太强的专业性，这也是"一专多能"的小学全科教师可行的根本。但是，对于音、体、美等专业性较强的课程，专业的科任教师具有不可替代的优越性。[③] 第二，深化小学教育专业课程与教学改革。课程是人才培养的核心要素，是实现培养目标的根本保证，是教育教学活动的基本依据。[④] 全科教师对知识和能力的要求更高，不仅要将各学

---

① 田振华. 小学全科教师的内涵、价值及培养路径[J]. 教育评论，2015（4）：83-85.
② 满忠坤. "应时之需"与"卓越追求"：农村小学全科教师的名与实之辨[J]. 教师教育研究，2019，31（3）：39-44，60.
③ 满忠坤. "应时之需"与"卓越追求"：农村小学全科教师的名与实之辨[J]. 教师教育研究，2019，31（3）：39-44，60.
④ 高闰青. 论农村小学全科教师培养的着力点[J]. 教育研究与实验，2018（1）：60-65.

科的内容融会贯通，还要达到不同专业、不同文化之间的有效沟通与融合。[1] 由此可见，小学教育专业课程与教学需要比其他学科类专业体现出更强的综合性和实践性。为做好小教专业教学，首先，应根据我国国情和时代的发展开设综合性的主干课程，通过整合各学科的教学内容提高全科教师的综合素质和教学能力，提高全科教师的综合性。其次，应增设实践课程的比例，利用信息技术的远程互动和视频模拟等优势，通过项目化学习和探究性学习，让师范生的教育理念、教学知识和教学能力都获得有效提升。[2] 同时，这也有助于帮助全科教师提前适应岗位，提高实践能力。

（二）增强教师主人翁意识

在与蒋校长的交流过程中，我们发现蒋校长多次提及优秀教师的流失问题。其实，教师流失率高不仅是坪上镇中心小学一个学校的问题，而是一个普遍的社会性问题，在我国贫困落后的农村地区尤为突出。实施民主管理，赋予教师参与学校管理和教学的自主权，唤醒教师内在的主人翁意识，激发教师的教育教学能力，是规避乡村教师隐性流失的重要途径。[3]《中华人民共和国教师法》第七条规定，教师"对教育教学、管理工作和教育行政部门的工作提出意见和建议，通过教职工代表大会或者其他形式，参与学校的民主管理"。作为一位好的学校领导者，校长应帮助教师用正确的立场、观点来观察、思考和处理各种问题，增强教师的主人翁意识，以减少乡村教师流失率。

首先，明确校长的职责，摆正校长与教师的关系。校长肩负着团结、教育和培养教师的责任，是学校的灵魂，是教师的良师益友。比如蒋校长，她把自己当成校园里的"勤务员"，哪里需要去哪里，从不在老师们面前"摆架子"，把各位老师当成自己的朋友，还鼓励大家私底下对她提

---

[1] 许红敏，曹慧英．小学全科教师的内涵辨析与培养策略——基于江苏省的需求［J］．教育理论与实践，2016，36（11）：33-35．

[2] 黄友初，马陆一首．小学全科型卓越教师的内涵、特征与培养路径［J］．教育科学，2020，36（2）：47-52．

[3] 王凌霞，王开琳，马雪玉．农村中学教师隐性流失对教育的冲击及其应对［J］．教学与管理，2017（4）：12-15．

建议，帮助其提升自己。只有当校长尊重教师，承认教师在学校教育中所起的重要作用，使他们切身感受到自己是学校的一份子，认识到自身的价值，才能更加安心从教，积极参与学校管理，为学校的发展与改革献计献策。

其次，培养教师责任感，提高参与意识。未来3-5年乡村学校将迎来退休高峰，中青年教师将逐渐成为乡村教师队伍的主体，如坪上镇中心小学已经实现了师资年轻化。但是中青年教师参加工作的时间相对较短，实践机会少，自尊心和自信心非常强，遇到具体问题，可能多以自我为中心。因此，培养教师的责任感，提高他们的参与意识特别重要。只有每位老师都真正把自己当成学校的主人，对学校具有强烈的认同感、归属感，才能成为学校长足发展的原动力。而校长，就是要把培育教师的主人翁精神作为学校人文治理的关键。

（三）提高"候鸟型"教师职业归属感

"候鸟型"乡村教师是指工作在乡村，生活在城市的教师。我们的案主蒋校长便是如此，她自己在邵阳市新邵县坪上镇中心小学工作，家安在长沙，子女也在长沙市读书。当前"城镇化背景下，县域内乡村教师工作生活两地化成为一种新趋势"。[①]"候鸟"迁徙也是教师流失的重要原因之一。"候鸟型"乡村教师虽然在乡村教学，但由于语言、文化、交通的不畅，加上心系城中子女，久而久之，就会想着考到城里和家人团聚。奔波于乡村学校和城市家庭的"候鸟型"教师，相比定居乡村的教师更加忙碌辛苦，这种生活工作两头跑的状态使得他们身心疲惫。[②]

受城乡二元分化的影响，再加上个别不良教师的恶劣形象被无限放大，教师的地位今非昔比，乡村教师也成为"受害者"之一。社会大众对乡村教师的认知不再是桃李遍乡村，而是教师队伍中的"弱者""贫穷者"

---

① 姜超. 工作生活两地化：城镇化背景下乡村教师职业新样态——基于天增县的田野考察[J]. 中国教育学刊，2018（7）：94-99.

② 程良宏，陈伟. 迁徙与守望："候鸟型"乡村教师现象审思[J]. 教育发展研究，2020，40（Z2）：63-70.

等负面认识,使乡村教师的职业归属感日益减弱。党和国家高度重视乡村教师队伍建设,在提高待遇水平、加强培养培训等方面采取了一系列政策举措。但诚如帕尔默所言,"在匆忙的教育改革中,我们忘记了一个简单的事实:如果我们继续让称职的老师应当依赖的意义和心灵缺失,仅仅依靠增加拨款额、重组学校结构、重新编制课程,以及修改教科书,则改革永远不可能成功"。① 可见,要想使"候鸟型"乡村教师安心于乡村教育,除了改善其待遇,更需要提升他们对乡村教师这一职业的内在认同,在内心深处产生职业归属感。具体可从以下两方面努力。

第一,重塑教育愿景,激发教学创造力。对教育持续不断的热爱和对"教育成人"的希望是教师专业成长的重要动力。因而,重塑教育愿景,能使"候鸟型"教师为乡村教育做出巨大贡献的意义和价值被认可,进而激发他们的教学创造力,重新点燃他们对乡村教育的热情,让他们安心留守于乡村学校。

第二,构建专业学习共同体,增强"候鸟型"乡村教师的专业归属感。专业学习共同体组织缺失或不健全,教师专业归属感较低,是部分"候鸟型"乡村教师不愿长期留守乡村的另一诱因。就制度层面而言,可以从线上学习共同体、教师同伴间的共同体以及校际合作共同体等不同层次的学习共同体构建入手,形成一种开放互通的分享环境,培养教师间分享互惠意识,逐步建立起学科知识、教学技能等专业分享机制,为乡村教师间的互助学习提供支持。② 就学校层面而言,可以充分利用校际帮扶交流等机会,构建校际合作共同体,以名师支教带教、座谈交流、课题协作等方式促进学校之间学习资源的共享,在校际同伴交流中拓展乡村教师的理论视野与教学能力,增强其专业归属感。

---

① 帕克·帕尔默. 教学勇气——漫步教师心灵 [M]. 吴国珍,等. 译. 上海:华东师范大学出版社,2014.
② 黄晓茜,程良宏. 教师学习力:乡村教师专业发展的重要驱力 [J]. 全球教育展望,2020,49(7):62-71.

第五章　心系留守儿童的草根校长

26 年前，他从盐城师范学校毕业，走上了魂牵梦萦的讲台。校园夜雨十年灯，殚精竭虑教书人。26 年初心不改，时时刻刻都牵挂着留守儿童，白天充当学科教学的指导员，晚上充当教师专业成长的服务员。他把自己的理想、信念、青春、智慧和大爱毫不保留地奉献给这庄严的选择，留下一串串坚实的脚印……

一、案主描述及初印象

陈腾，男，生于 1978 年 6 月，中共党员，本科学历，江苏省盐城市滨海县正红镇人。1997 年参加工作，先后在正红镇第三中心小学和正红镇中心小学任教（后文简称为"红小"），扎根乡村学校从事教学工作 26 年，担任校长职务 3 年。因其工作表现突出，受到中共盐城市委教育工作委员会、中共盐城市教育局委员会联合表彰，被评为盐城市教育系统"优秀共产党员"、滨海县教育系统"师德先进个人""师德标兵"。无论是教语文，还是当校长，陈腾时刻都心系着他的"红小"。

和陈校长的联系基本维持在线上，好不容易有了一次面对面交流的机会，他满怀歉意地告诉我们，那两天女儿在考编。后来在聊天中得知，他们一家三口都从事教师事业。陈校长的妻子在滨海县实验小学当语文老师，女儿毕业于盐城幼儿高等专科学校，也正准备进入教师行业。

二、校长是如何炼成的：踏实做事，用心管理

（一）从业契机

1. 少了一名军人，多了一名教师

初中毕业后，陈腾报考了中等师范学校。"我读的是乡村中学，那时候懵懂，不知道怎么填志愿，也没太多主见，父母都是农民，这些方面根本帮不上忙。因此，志愿都是老师帮我们填，他填了一所中等师范学校，很快我就被录取了，毕业后顺其自然做了教师，就这样一步一步走到今天。毕业后的工作单位也是教育局统一安排的，需要你到哪里，你就得去哪里。"20世纪八九十年代的正红镇，很多初中生都被寄予了"要吃上公家粮"的家庭期望，陈腾父母也觉得如果他能当上老师，那是跳出了农村，摆脱了农民身份。在同龄人眼中，当时的中师生也是很优秀的群体。

每个男人都有一个军人梦，陈腾也不例外。从记事起，陈腾就很喜欢跟父母一起看战争片或者爱国主义影片，军人也成了他心目中的英雄。不管是那一身迷人的军装，还是奋勇杀敌、保家卫国的英勇事迹，以及军人身上散发出来的铮铮铁骨的豪气，都让他感到热血沸腾。陈腾特别希望有朝一日能成为他们中的一员，然而初中毕业时他年纪还小，没有入伍的资格。陈校长坦言自己在工作一年后仍抱有参军的想法，但是家里人并不同意，觉得他已经有了稳定的工作，这时候再选择去参军并不合适。于是，他的军旅梦就这样结束了。

陈腾与教师行业的缘分始于他的初中老师——吴老师。"当时我们在乡村初中就读，吴老师每天都会仔细地给我们讲解各种试题，他不仅业务能力突出，还很关心学生。记得我因为和一名同学发生点小别扭，情绪不好。吴老师为了了解情况，耐心地听我们表达自己的不满，并和我们一一谈话，不厌其烦地给我们做思想工作。在一年冬天的一次早读课上，吴老师发现班上一名同学还穿着夏天的凉鞋，而别的同学都早早换上了球鞋或

者帆布鞋。下课后，吴老师问了这名同学鞋子的尺码，立马跑回办公室，问同事们谁家有闲置的40码的鞋子，想要暂时借用下。见大家都摇头，情急之下吴老师骑车跑到了镇上的鞋店，不仅为这名同学买了一双40码的新鞋，还给他买了4双袜子。不善表达的孩子只知道红着眼睛看着吴老师，但这个善举他应该会记一辈子。吴老师的举动也感动了其他老师。有一位王老师，是工资微薄的代课老师，他也为这个孩子买了一套衣服。"除了孩子们喜欢，吴老师也特别受周边老百姓欢迎，大家都很尊敬他，家里有小孩到了要上学的年纪，都会想方设法把孩子送到吴老师的班里。吴老师的一言一行，陈腾现在想起来仍然记忆犹新。他在孩子们的心里种下了爱的种子，更在陈腾心中种下了"长大后我就成了你"的心愿。

2. 一步一个脚印

陈腾入职后主要教授的科目是语文。出乎意料的是，他从小喜欢数理化，也是一个理科生，从初中开始数理化基本上是满分，语文成绩反倒没有那么突出。但由于红小缺语文老师，刚进学校的时候，校长便直接将他调整为语文老师。陈腾虽然无奈，却也只能听从安排。没想到，他的语文教学效果很好，教学质量极佳，很受学生欢迎。因此，陈腾很快在当地语文学科教学领域崭露头角，并一直任教至今。在担负学科教学任务的同时，陈腾也一直兼任班主任。由于工作认真负责，教学成绩突出，仅仅两年后，他就被委任学校中层职务，担任了少先队辅导员，随后又担任了政教处主任，主要负责学生的常规管理工作。参加工作后的第五年，他被提拔为办公室主任，负责学校的日常业务工作。又经过六年的锻炼，他被提拔为副校长，成为校领导。

成为学校副校长，离不开陈腾多年的努力工作，但其中也有机缘。当时学校副校长的职位空缺，经过层层选拔和多位领导的推荐，最终确定由陈腾担任。刚担任副校长时，由于缺乏经验，布置的工作往往不能及时落实到位，陈腾也曾自我否定。经过长辈的指点、同事们的帮助和家人们的开导，陈腾及时调整心态，改变工作方法，慢慢地适应了新岗位，工作局面逐渐打开，行政事务和教学工作都得心应手了。回望过去的一点一滴，陈校长说："任何工作都有磨合、适应的过程。但对于教学工作，我从来都没有应付或者马虎对待过，到今天仍然坚守在自己的教学岗位上，一如既往地给孩子们上好语文课。"

（二）教学管理两手抓

1. "努力+幸运"的职称之路

无论是教学还是管理，陈腾始终没有放松对自我的要求。中师毕业后，为了进一步提升学历，他参加了江苏省教育学院小学教育专业的专科自学考试，此后又参加了江苏理工学院汉语言文学专业的本科函授学习，并顺利取得毕业证书与学士学位证书。

目前乡村中小学教师评中高级职称仍然有很大难度。以红小为例，申报中级职称的首要条件是工作满五年，并具有本科学历；其次要获得不同层级的优秀称号；再次是要有两篇论文获奖或公开发表。但近年来，随着职称制度改革，对论文的要求逐步淡化，只作为参考条件。如果要参评高级教师，要求就更高了。既有工作年限和学历的要求，又有课题、评优和教学比赛等成果的要求。受指标限制，不能将所有老师的材料都推荐出去，因此学校要先将参评老师的职称材料进行评比，对教龄职龄、教学工作、科研情况、获奖情况等进行积分排序，择优推荐申报，每年的竞争都非常激烈。陈腾的职称参评之路很顺利，他认为自己是幸运的。"每次可以评职称了，我都能第一时间晋升，没有耽误一次机会。学历、论文、任职年限等各方面的要求都符合。"机会只垂青于有准备的人，幸运的背后是平时不断的积累。

2. "公平+用心"的管理秘诀

在聊到教师队伍建设和办学心得时，陈校长提出了他的四字秘诀："公平、用心"。为了加强学校凝聚力，打造有温度的校园，让教师对学校有集体归属感，陈校长会通过各种方式去关心、关注每位教师。如果有教师身体不舒服，陈校长一定会亲自去看望他，并送上鲜花和慰问金，询问老师的身体状态、治疗进展和生活情况，同时尽最大努力协助解决他所遇到的困难和问题，让老师们能够安心养病，尽早恢复。

乡村学校的长远发展，关键在"人"。教师队伍、管理班子都很重要。

通过长期的观察，陈校长发现，校长在乡村学校发展过程中起着至关重要的作用，一个乡村学校办得好不好，取决于校长是否有自己的思想，是否有明确的思路，是否有具体可操作的方案。一所学校，哪怕每天只有一点点变化，日积月累，学校面貌就会有改观，难的是敢于打破现状，敢于积极创新，而不是墨守成规。

在陈校长看来，学校要形成一种"以人为本"的发展理念，主要应在以下三个方面着力。第一，要营造一种积极向上的文化氛围，以文化引领学校的发展。第二，要营造一种公平公正的工作氛围，让老师们所做的每件事都能体现价值；要避免出现干多干少一个样，甚至多干事还不如少干事的情况，学校表彰评优的机会要留给工作积极、态度认真、能力出众的教师。第三，要关心学校的每一位老师，打造一个有温度的、和谐的校园。简而言之，在陈校长看来，管理工作要体现真诚与爱心。"对教职员工、对学生都是一个道理，人与人之间要真诚、要用心。你真诚平等地去对待人家，人家也会用心回报你。做校长不能随心所欲，想干吗就干吗，我不能做到绝对的公平，但是我努力做到公平。要让老师在团结一致、公平积极的环境中工作，赏罚要分明，规则要清晰，理念要明确。优秀的老师就要让他们冒头，就要树立榜样，就要为他们提供更多的发展机会与更好的发展条件。一个学校要以优秀教师的榜样力量来引领其他老师，大家一起办好我们的乡村教育。"陈校长在工作中也曾遇到过经费问题、人事问题，他都努力一一化解了，陈校长真心、真诚地对待每一位老师，使学校的凝聚力增强了，学校的发展加快了。2021年，陈校长再一次当选为"滨海县师德标兵"。

故事1　为白血病学生捐款

关心每一位老师，爱护每一位学生，是陈校长一直以来坚持的信条。2021年3月，有位老师向陈校长反映，班里有个五年级的学生被确诊为白血病，经受着病魔困扰的同时，还为巨额的医药费发愁。他家的经济条件很不好，一家老小的生活支出都靠孩子父亲一人在外打工的微薄收入在维持。

陈校长了解这件事情之后，决定向全校师生发出募捐倡议，一场声势浩大的校内爱心捐款行动迅速开展起来。回忆起当时的情况，陈校长说："在我们的发动下，全校的师生、员工都行动起来了，大家一共捐了一万多元。老师和学生现场捐，现场清点，然后直接交到家长的手上。"钱有了，但对于孩子的病情，陈校长还是不放心。两天后，陈校长又去家访，向孩子父亲了解目前的治疗情况，并反复表示学校会为孩子和家长提供一切力所能及的帮助，大家共同努力，面对问题，渡过难关。

红小是一所规模较大的乡村学校，学生有1234名，其中留守儿童或单亲家庭的孩子占比高达80%，极为惊人。换言之，每个班级至少有一半以上的孩子要么是留守儿童，要么出自单亲家庭。特别是中高年级，每个班级里有父母双亲在家陪伴的学生不到五分之一，更多的孩子是交由祖辈照顾的。陈校长很忧心，父母在孩子教育过程中的缺位，是乡村教育和乡村儿童发展的最大困境与难题。

故事2 二十块的报刊费

现在的乡村学校仍然存在辍学现象。如果孩子们成绩不理想，家长会打退堂鼓，认为他们不是读书的料，与其在学校里浑浑噩噩地度过，还不如早早去谋生。为了全面地了解情况，陈校长一般会通过多次家访去做家长们的工作。"有小部分孩子的家庭条件真的很差，甚至可以用家徒四壁来形容，其他孩子的家庭条件也不是特别好，只是温饱没问题罢了。学校和政府能做的就是把他们所有的学费都减免了。"在一次家访中，陈校长发现班上一个孩子的妈妈得了白血病，但不知道是什么原因，孩子未被纳入帮扶学生名单中，于是陈校长留下了自己的联系方式，让孩子的爸爸及时与他联系，看看哪个环节出现了问题。"遇到这种家庭困难的孩子，我们能帮一点是一点啊！"

"我不想让历史重演。"陈校长说到这儿停顿了一下，才接着讲述。在陈腾刚参加工作的时候，他班上有个小女孩叫芳芳（化名），父母离异，和爷爷奶奶一起生活，性格非常活泼开朗，虽然身体瘦小，但浑身上下好像有使不完的劲儿，班上有任何活动她都第一个高高举起手。学校规定每周都要阅读报刊，报刊由每个班级负责订阅，于是每周二十块的报刊费成为许多学生头疼的事情。快到期末了，没上交报刊费的只有芳芳，陈腾在一次下课后提醒她第二天带过来，芳芳垂着头答应了，当时陈腾并未察觉到她情绪低落。但接下来好几天还是没有收到芳芳的报刊费，陈腾感到疑惑，于是打电话询问家长，这才得知最近芳芳的爷爷身体不适住院了，急需大笔医疗费，她父亲已从外地赶回来照顾。听闻芳芳在学校的报刊费未上交，她父亲便表示临近期末，快放假了，这学期让芳芳先请假回家帮忙照顾爷爷。考虑到当时的情况，陈腾也表示理解，就答应了。可是到第二个学期开学，迟迟不见芳芳来报到，他向同学打听才知道芳芳转学去父亲工作的地方读书了，陈腾心想这样也不错，芳芳能够接受更好的教育。后来陈腾才得知真相，芳芳并没有继续读书，而是跟随他父亲在餐馆工作。陈校长每每回想起来，心中一直充满着愧疚，如果当时自己能替她补上报刊费，能再多了解一点这个孩子的家庭情况并帮助她，也许她就不会失学，她的人生道路也就不限于此。从那以后，陈校长带领红小的老师们着手建立规范的学籍档案，进一步完善休学、转出、转入手续，每月都对学生情况作详细统计，有辍学倾向的学生，及时做好家访和劝学工作，以避免这样的事情再次发生。

3. "创新+耐心"的学科带头人

除了校长的职务，陈校长还是一位十分优秀的语文学科带头人。陈校长不仅在教研活动中充分发挥骨干教师的示范引领作用，而且在办公室里也时常听到他与同事们热烈地讨论教学事宜。学校现有的特色课程，例如研讨课、示范课、同课异构课、师徒结对课精彩纷呈，这些都是红小老师自己开发的。学校最具有代表性的课程就是同课异构课。每个老师有着自己的教学风格，他们所采取的教学方法和策略都各有不同，这也就形成了同一内容却是不同风格、不同方法、不同策略的教学模式，这样的教研活动无论是对上课的老师还是观摩的老师都会有启发。而对于新入职的、教学经验不足的教师，会有骨干教师悉心指导，让他们少走弯路。例如"青蓝工程"，即师徒结对工程的实施，原本是县教育局的要求，这个工程的实施效果极好，确实是让新教师快速成长的好方法，于是学校也根据自身的特色，将其进一步发展完善，并保留了下来。陈校长也呼吁青年教师要向教学成绩突出的优秀教师学习，思考在同样的课堂时间里，如何更高效地讲解知识点，解答学生的疑惑，提高教学成绩。

　　红小的教学质量一直保持着全县第一的好成绩，还拿过"作业设计与教学研究先进奖"等多个奖项。他表示这些成就主要归功于学校这两方面的特色。第一是作业设计，每周由各个学科不同年级的老师们共同设计一份作业，在各个班级共享，让学生完成。在滨海县教育局出台了《滨海县中小学生作业布置与批改指导意见》后，陈校长将作业设计管理摆上全新的高度，探索建立管理机制，努力构建由被动到主动、由数量到质量、由自主到合作、由粗放到精致的作业管理模式。作业设计与管理，确保从大处着眼，从细微处着手，从每个环节抓起，并明确"六项要求"：作业的设计——师师都参与；内容的选择——题题有价值；作业的书写——字字都用心；作业的批改——本本都精心；作业的难点——次次有跟踪；目标的达成——生生都优秀。第二是学科专项训练，分为三个科目：语文方面主要聚焦于练字、阅读、写作，学校通过设计相应的阅读题，进一步强化学生的阅读理解能力，及时检验阅读效果；数学方面重点在于学生口算能力的培养，每个孩子在学校规定的时间内完成一定数量的题目，老师根据学生们的错题情况，对错误率较高的知识点进行再讲解，以达到查漏补缺的效果；英语方面重点关注学生对单词的掌握，学校严格把关学生们读、写、背单词的情况。不积跬步，无以至千里；不积小流，无以成江海。量的积累才能引发质的飞跃，红小能一次次取得好成绩，与日常的积累是密不可分的。

　　红小的成功也让其他学校争相效仿，历任校长都被邀在大小会议上做经验介绍，其他学校也不定期来红小参观学习，这些先进理念和做法慢慢在全县各学校推广。为了提高孩子们的语文成绩，陈校长提议在每个教室的后面和教学楼楼梯口设"图书漂流角"，让学生们相互分享自己喜爱的书籍，传阅交流，并定期举办读书节、跳蚤市场等活动，既培养了孩子们的阅读兴趣，又实现了资源优化配置。红小还有"循环日记"的活动，由学校提供一个日记本，每天由不同的孩子来写，孩子们在写的过程中还能借鉴前面同学所写的,共同创作这个学期的日记。这项活动的初衷是为了记录每个孩子的生活,同时对于学生而言,日记每天由不同的学生进行创作,也是一种非常奇妙的体验。

三、治校经验:以爱之名,点亮留守儿童前行之路

(一)借助社会的力量:爱心捐助

为了让红小的孩子们能在更好的环境中学习,让他们能拥有更多的学习资源,学校会积极和一些有捐赠意愿的企业或商会对接,借助社会的力量,帮助红小更好地发展,尽量让乡村孩子们也享受到"公平而有质量"的教育。

比如徐建成,当年是从老正红村小毕业的,如今在外创业有成,他始终对教育抱有一份情怀,每年他都在元旦前后回到正红镇来捐资助学,每次都是20万,已经连续四年了。陈校长用这些钱来奖励优秀的教师和资助特殊的贫困学生。爱心人士李文伦曾是正红镇的下乡青年,现在是连云港一家民营书店的老板,在创业致富的同时,他也一直把慈善事业放在心上,他对正红镇有着很深厚的感情,每年在红小资助五个贫困生,每个学生五百元。江阴市的"青田之家"是一个公益组织,每年开学都到红小来资助贫困生,一直资助到大学毕业。截至目前,已经资助了几十个学生。

(二)加强家校共育:开展家校共育大讲堂

家校合作是一种教育互动活动,通过家庭和学校的相互协调配合而实现,其主要目的是促进青少年的健康发展。诸多理论和研究表明,良好的家校合作是促进青少年学业和行为发展的重要因素。[①]《国家中长期教育改

[①] 臧宁,曹洪健,周楠. 家校合作与青少年学业和行为发展:不良同伴交往及意志力的作用[J]. 教育研究,2022,43(4):107-122.

革和发展规划纲要（2010—2020年）》颁布以来，全国中小学都组建了家长委员会，成为家校共育的重要途径。[①] 陈校长提到："我们也有家委会的。平时学校的各项活动和获得的荣誉也会通过媒体向家长宣传，向社会宣传。学校的留守儿童很多，而且都是爷爷奶奶在家里带。为了更好地跟家长交流沟通，让家长给予学校更多的支持，我们经常举办家校共育的主题活动。"

近年来，由于中小学生课内外负担加重，加之手机、电子产品的普及，用眼过度、用眼不卫生，学生普遍缺乏体育锻炼和户外活动，导致近视率不断攀升，且近视低龄化、重度化日益严重。为进一步加强学校健康教育，普及科学用眼知识，增强学生的护眼意识，预防近视等各类眼科疾病，推动青少年儿童近视防控工作扎实有效开展，陈校长决定尽快给家长和学生普及爱眼护眼知识。于是在2020年11月，红小以家校共育的形式，紧扣社会热点和家长、学生关注的焦点，承办了滨海县教育局以"科学防控近视，拥有光明未来"为主题的家校共育大讲堂网络直播节目，引发了广泛关注，直播点击率超过22万人次，取得了良好的社会效益，并在全县引起了很大的反响。

尽管陈校长为红小付出了很多心血，但还是有不少家长对家校共育的重要性理解不到位。家长叮嘱学龄期子女最多的一句话往往是"要听老师的话"。在家长的意识里，学校才是教育的主导者，家长只是协助学校完成作业检查和其他任务的"代管"，或处理子女问题的"协管"，对自己的"同管"责任和权利意识理解不到位。因此，家长要么"过分信任"学校，不闻不问躲避教育责任，要么怀疑学校和教师的教育效果，干涉、干预学校工作，甚至让子女将重心放在校外学习上。这样的家长对学校和家委会主办的教育交流活动会表现出消极情绪，影响家校合作质量。"当我们遇到家长与老师之间产生矛盾的时候，我们会找一些相关人员去做工作，比如了解到有的熟人跟家长可能有亲戚关系，或者是村里面的干部，就会找他们去做工作，缓解家长们的抵触情绪，这样会更有效。"

---

① 姜英敏. 家长对协同育人的期待和建议［J］. 人民教育，2021（8）：23-25.

(三) 丰富孩子们的生活：特色社团活动

如何让乡村孩子，特别是留守儿童眼中有光、心中有热爱，健康地成长，也是陈校长经常思考的问题。除却物质上的帮扶，促进家长思想的改变，陈校长认为还应该组织一些多样的、有趣的活动来丰富孩子们的生活，帮助孩子们建立社交网络。

花样跳绳是红小闻名全县的体育特色项目。"跳绳运动简单易学，运动强度易于掌控，不受场地、时间的限制，易于推广普及，是一项非常适合大众的体育健身运动。同时通过学习花样跳绳也能培养学生终身锻炼的习惯、拼搏进取的精神、创新思维和合作意识等，体育和德育可以相结合。这个项目开展得很成功，社会反响也很热烈。每个学生都有一根绳，每天一下课就跳，每个人都会跳，跳出了很多的花样，有比翼双飞、斗转星移、三人一体、网绳跳等。"久而久之，花样跳绳成为了红小的校本课程和特色社团活动，后来还成立了学校花样跳绳表演队。2009年开始，"花样跳绳表演队"受邀参加了多场表演。如今"小足球"也是红小的体育特色之一，在2021年的全县运动会上，红小获得了全县总积分第一的好成绩。学生参加县级足球比赛，也总是前几名。"去年足球、田径两个项目全县第一。平时的话，比如足球，先由体育老师选苗子，然后结合学生自己的兴趣爱好，确定校足球队成员。所以大家都赞叹我们学校不光教学质量好，参加运动会还能拿到第一。现在根据统一安排，我们每天放学以后开设了'课后两小时'延时服务。学校今年又新增了乒乓球、美术、素描、舞蹈等特色社团活动，都开展得有声有色，孩子们得以德智体美劳全面发展，也能像城市孩子一样参加各种各样的兴趣班，兴趣爱好广泛、课余生活丰富。"

(四) 让孩子们得到乡土的滋养：草柳编课程及红色教育

乡村优美的自然环境、丰富的民间艺术、厚重的乡土文化都是城市教育不具备的宝贵资源。乡村教育不应一味做城市教育的追随者和复刻版，而应发挥自身的优势，让乡村孩子得到家乡土地、山水和历史的滋养，加强乡土认同、增强自信,培育"有根"的孩子。

正红镇位于射阳河畔,沟河纵横,有着丰富的草柳资源,并且家家户户都有编织习惯,是著名的草柳编织之乡。这不仅给老百姓和政府创造了财富,同时也给当地广大教师编制校本课程提供了广阔的空间。

红小的草柳编课程已经开设多年,是"盐城市品格提升工程",也是学校的特色项目。学校通过草柳编校本课程开展健康教育和劳动教育,培养孩子们团结合作、吃苦耐劳的精神。学校组织了"争当编织小巧手"的活动,邀请镇上的民间艺人来学校教孩子们。活动时间一般是安排在中午十二点半到一点半。在进行原料准备、染色编织过程中,有的学生手上磨出了血泡,有的学生衣服沾上了染料,有的学生不小心划破了皮肤,但没有一个人叫苦叫累。孩子们通过自己动手实践,体验双手创造财富的艰辛,看着精美的作品一点点被制作出来,成就感油然而生。在编织过程中,老师们也会注意各个学生的兴趣爱好、个性特长,将他们进行分层分类,让每个学生参加最感兴趣、最适合自己的编织项目,发挥自己的特长。

2018 年,在盐城市少代会开幕式上,红小被邀请代表滨海县进行现场编织展示,当时的盐城市曹市长也在现场观看,给予了红小很高的评价。谈起这件事,陈校长感到十分自豪:"我们当时是滨海县的唯一代表!"陈校长还从手边一堆文件夹里找出了一张保存完好的 A4 纸,激动地递给我们:"你们看!这篇作文是当时我班上一个学生写的,我们办公室的老师都夸写得好!我特地打印了一份放在这儿。文中这家人真是不容易!"

草柳编之情

春节前,在一阵"噼噼啪啪"的爆竹声中,我们全家喜迁新居。可与这喜庆氛围极不协调的是:我七十六岁的奶奶非要把一只又旧又破的柳筐一起摆进新房,您说这只破筐放在什么地方好看呢?真是大煞风景!不过说起这只筐,奶奶确实与它有着割舍不了的情感!

年轻时的奶奶是十里八乡出了名的俊媳妇、巧媳妇。当时家里很穷,爷爷从早到晚辛苦劳作也挣不了多少钱。奶奶把河沟边的柳条割回家,剥皮、晒干，编织成一只只精美的筐、箩、篮等，每逢赶集，便拿到集镇上去换些物品回来补贴家用。可是，好景不长，"文化大革命"期间，"造反派"来我家说奶奶搞编织是"走资本主义道路"，他们要"割资本主义尾巴"，把爷爷拉到大街上游行，并把爷爷打成重伤。爷爷精神和肉体都受到折磨，没几年便含冤离开了人世。奶奶再也不敢编织任何东西，把爷爷的相片和剩下的唯一的柳筐一起锁进了箱底。

20世纪80年代，改革开放的春风吹遍了神州大地，高考落榜回家的爸爸进了镇办企业草柳编织厂，从事草柳编织和销售工作。工厂主要生产一些农家使用的物品，产品单一，式样陈旧，价格低廉。90年代后，爸爸和香港客商合资办了草柳编织有限公司，编织果盘、花篮、狗窝等草柳制品，品种繁多，式样新颖，远销欧美等20多个发达国家，且供不应求，每年能为镇上创收100多万元。草柳编织业成为了我镇乃至全县经济发展的龙头支柱产业，目前在国外也开了几家草柳编织产品专卖超市。爸爸多次受到各级部门的表彰，还被选为人大代表、劳动模范。奶奶还被聘为公司的技术顾问。

在进行素质教育的今天，我们学校开设了以草柳编织为内容的综合实践课，我设计编织的作品在学校举行的草柳编织设计大赛中荣获一等奖。爸爸的公司被学校定为综合实践实习基地，爸爸还被聘为我校校外辅导员。草柳编织在我校已成为推进素质教育的一门综合实践特色课。

想起了这一切，我们全家不约而同地把奶奶的那只破柳筐放到了客厅最显眼的位置上。奶奶看着漂亮的新房，又摸摸那只柳筐，嘴里不停地说："我多年的梦实现了，实现了……"

正红镇是草柳编织之乡，也因为是五卅烈士顾正红的故乡而被列为爱国主义教育基地。1905年，顾正红出生在阜宁县獐沟区射阳河畔小顾庄（今正红镇正红村）的一个贫苦农民家庭。1921年，他随家人逃荒到了上海，之后，在父亲的帮助下进入日本资本家开办的内外棉九厂做扫地工。不久，又进入日本资本家的内外棉七厂做布机盘头工。日本资本家对中国工人政治上的压迫、经济上的榨取、肉体上的摧残、精神上的折磨，在顾正红的心灵上留下深深的烙印，于是他积极参加反抗资本家剥削的工人斗争。1924 年夏，顾正红参加了共产党举办的工人夜校和沪西工友俱乐部，很快成为俱乐部的积极分子。1925 年 2 月，在党的领导下，上海 22 家日商纱厂工人先后举行罢工，顾正红积极投身罢工运动，在这场斗争中经受了锻炼与考验，光荣地加入中国共产党。1925 年 5 月 15 日，内外棉七厂资本家不让工人上夜班，借此制造工人内部矛盾。顾正红带领纱厂工人与日本资本家展开斗争，被日商用枪残忍杀害，牺牲时年仅 20 岁。帝国主义的血腥暴行激怒了全体中国人民，在中国共产党的领导和组织下，当天举行了大罢工，罢工浪潮迅速席卷上海各界并波及全国，随后爆发了声势浩大的"五卅"反帝爱国运动。为了纪念烈士短暂而光辉的一生，1958 年烈士的家乡被正式命名为正红人民公社（2001 年，正红、獐沟、陈铸 3 个乡镇合并为新的正红镇），其出生地所属的村被命名为正红村，所在镇还设有正红初级中学、正红中心小学、正红医院等。

作为烈士故里的学校，红小始终不忘初心，一直坚持传承红色文化，定期对孩子们进行爱国主义教育，向革命先烈学习。老师们会定期带孩子们到顾正红故居参观，去现场感受红色文化的传承；校园内也建设了文化墙，把顾正红烈士的英勇事迹都刻在墙上。孩子们通过红色文化的熏陶，接受爱国主义教育，了解更多的滨海红色历史，并从中得到启发，以更加昂扬奋进的姿态投入到学习中，用更好的成绩回报先辈、英烈的无私奉献，为将来报效祖国而努力。

四、乡教负荷：何以"留"住学生，何以"守"住学校

（一）乡村小学的生存危机

我国每年有大量的新教师补充到乡村教师队伍中来，为乡村教育"添砖加瓦"，但同时每年也会有很多乡村教师选择离开，去更好的学校，或是离开教师行业。近几年，红小的优秀骨干教师流失较为严重，有十几位

市县学科带头人或教学能手调走了。陈校长对此也很无奈："毕竟人往高处走，这也很正常。"

生源只减不增是乡村小学面临的又一共同难题，谈起这个话题，陈校长不禁皱起了眉头："现在乡村的小学生越来越少。像我们现在六年级有六个班，但是今年一年级只有三个班了。原来一个年级有三四百人，现在才一百人出头，而且附近幼儿园毕业到我们这读一年级的只有四十多人。由于城镇化进程加快，乡村青壮年大多外出务工，去县城、苏南地区甚至上海等地。孩子们也都随着父母到城里读书去了，乡村小学的未来又在哪里？我想再过几年，问题会更加凸显，乡村小学真的快没有学生了。""到底该如何守住这所学校"是陈校长经常思考的问题。

除去城镇化的影响，年轻人生育意愿的下降也是影响乡村小学生源的一大因素。在之前的计划生育政策和社会发展变革的影响下，农民的生育观也发生了改变，新生儿的出生率持续走低，这就导致了很多小型的村落已没有条件和资格开办学校，不可避免地要进行撤校、并校。这种政策在一定程度上是为了使教育资源更加集中、优化，但也让一些村里的孩子们上学不再那么方便。

（二）难以连接的家和校

家校沟通是教育教学工作中一个至关重要的组成部分，有效的沟通不仅可以增进教师与家长的感情，促进孩子健康成长，还有利于学校教育工作的顺利进行。很多父母为了生计必须外出打工，孩子只能由家中的爷爷奶奶管教。家庭教育在孩子们的思想状态、行为习惯的养成等方面基本上是缺失的，制约了乡村孩子的发展，也给乡村学校办学带来了不少困难。"这不仅仅是我们红小的现状，也是全省乃至全国乡村教育面临的瓶颈，而且在短时间内很难改变。对孩子的发展来说，家里有父母的陪伴才是最好的教育，但是为了生计，父母们又不得不背井离乡去挣钱糊口，所以我们学校在这一块也很是头疼。"

陈校长摇了摇头，叹了一口气，接着说道："其实前几天，我们还接到电话说有学生家长向12345政府平台投诉我们老师体罚孩子。为了回复投诉，给到家长满意的答复，我们进行了仔细的调查，调来了监控，基本还原了事情的经过。这位老师担任三年级的班主任，矛盾的起因是孩子不配合老师完成作业，而且态度不是很好，老师在管教过程中无意间拉扯了他的衣服。孩子本身敏感，家庭情况也有些特殊：父母离异了，他跟随母亲生活，现在母亲在外工作，孩子就交给舅舅照顾。孩子回家哭诉，还说出了'再也不去上学了'的气话，舅舅误以为班主任对孩子实施了过度的惩罚，气愤不已，于是拨打12345政府热线投诉老师。老师的初衷是好的，本着对孩子负责的态度对孩子进行管教，但出现了言语或行为失当的现象。现在教育部，还有很多专家也在呼吁把教育惩戒权还给老师，可现在的孩子是打不得骂不得，说也没用，所以老师这个角色很尴尬也很无奈。有些孩子的行为，还是需要适当惩戒。除了回复家长，和家长解释清楚，我们还要反复跟老师沟通，做思想工作。因为被投诉，这位老师本年度考核就不能评优了，实际上他非常认真负责，出发点也没有恶意，这对老师是不小的打击，会影响他的教学积极性。在安抚开导的同时，我们也会跟老师做思想工作，告诉他教育孩子要讲究方式方法，不能通过体罚或者变相体罚来伤害孩子。如果被投诉到政府平台，整个处理过程会变得十分复杂，会耽误我们不少的精力和时间。如果家校之间的沟通更及时、更有效，很多误会都可以避免。"陈校长坦言道，不做作业的学生有很多，特别是爷爷奶奶带着的，有时候为了避免学校惩罚，爷爷奶奶们还会包庇孩子，配合孩子欺瞒老师，长此以往容易给孩子造成消极的影响。

父母在外务工，为了跟孩子联系，通常都会留一个智能手机在家，这样联系更方便了，但也让年幼的孩子们更容易沉迷于电子产品，"放不下的手机"成为了留守儿童群体中的普遍现象。"我们小学有统一规定，手机是不允许进校园的，但是孩子们一放学就回家玩，爷爷奶奶们根本管不了。手机问题已经成为共性问题，有的孩子晚上还会刷抖音之类的短视频，这些对自制力欠佳的小孩的诱惑力太大了，对他们的学习、视力等都有影响。"每个孩子的精力都是有限的，有些孩子晚上玩到很晚，挤压了休息时间，第二天到学校就打瞌睡，成绩也开始下降。

中国自古有"城是国、乡是家"这样的二元分野认识，新中国成立以后，城市相对完善的住房、就医、教育和社会保障制度加剧了城市较农村优越的高势位文化认知，加之父母只有外出务工才可以养活全家的现实，使大部分留守儿童内心形成了"城市好、农村差"的价值观，这非常不利于孩子们形成乡土认同。同时，长期与父母分离的"留守"经历会在孩子心目中植入"挣钱比陪伴我重要"的概念，孩子容易自卑，并对世界和人生形成不正确的认知。① 而很多父母又习惯于用物质补偿来弥补陪伴上的缺失，甚至达到溺爱的程度，更加不利于孩子的健康成长。

（三）"躺平"的教师们

江苏省滨海县财政状况较好，教师的待遇也在政府的关心下逐步提高，可不曾料想，高收入没有激发教师工作的积极性，反而滋生了部分教师的倦怠心理。"现在咱们老师觉得自己工资已经很高了，认为这个课我不管怎么上，工资也都是这样，所以就不会去努力地工作。像这种存在'躺平'心态、在工作中没有积极性的老师，学校里有很多。在这里时间长了，教师的职业倦怠多多少少都会有的。"另一方面，教师职业倦怠还和职称评审制度相关。乡镇地区教师中高级职称特别少，尤其是高级职称指标，经常是"退一补一"。正红镇两三百名教师，很多时候一年只有一位老师能评上高级职称。"刚刚入职一年的老师可以评初级，接下来每达到一定的从教年限就可以申报中、高级。每个级别内部还有档次，比如副高级教师内设五级、六级、七级，刚评上副高的时候是七级，像我已经升到六级，那我再努力争取可以升到五级。每上升一级，待遇也会跟着增加。但是时间长了，有些老师总也升不上去，慢慢地也就不在乎这个工资差了。"公办学校的教师职业带有"公务员"的性质，校长对教师只有业务上的管理权，没有真正人事上的"去留权"，很多时候校长还得心平气和地"哄着"教师工作。

针对老师们"躺平"的现象，学校想了不少办法，比如通过增量绩效

---

① 孟亚男，张璨. 父母情感陪伴缺位对留守儿童的影响——基于留守表述的情感社会学分析[J]. 少年儿童研究，2022，343（8）：16-24.

激发教师队伍活力。可绩效差距太大,反而容易挫伤教师的积极性。"我们红小的绩效工资分为两个部分,除了平时的基础性绩效,年底还有一笔奖励性绩效,数目比较大。按照上级部门的意思,要加大绩效考核力度,严格考核,拉开差距。但在实际操作的过程中,基本上是平均发的,比如你这个岗位应得一万,那就发一万给你,我这个岗位应得一万五,那就是一万五——每个人差距不大。有时候对老师们管理太严格,会产生更大的风险和矛盾。校长不好当啊。"陈校长内心认为这是不公平的,平时工作中有的人认真负责,有的人不服从管理,但在年度考核的时候所发的奖金却是一样,这对于认真优秀的那部分老师就不公平了。但是在目前,学校为了和谐,为了减少矛盾,不得不这么做。

但红小也有突破常规,自行对教师进行奖励的时候,比如责任制。红小去年全县考试又是第一,已经是六连冠了。"多年来,我们学校都有一个奖励措施:在全县考了第一名,同年级所有相关学科的老师,每人奖励一千元,比如去年六年级有六个班,语文、数学、英语三个学科都是第一,那三个学科就是十八个人,总计奖金有一万八。虽然有明文规定不允许发奖金,但是缺少适当的奖励会影响老师们的积极性。"面对这样的矛盾,陈校长仍是以学校稳步发展为重,调节各方关系,顶住压力,给予老师们适当的物质奖励,以提高他们的工作积极性。

【政策回顾】

五、申报推荐

(一)申报推荐原则

1. 坚持按岗申报。各学校(单位)根据人社部门核准的岗位设置方案,结合教师岗位空缺数量和工作需要,坚持"评聘结合、按岗申报"的原则,在空岗数内组织推荐申报(其中副高级空岗数=人社部门核准的副高级及以上岗位数-已聘用高级及以上职称人数-获评未聘高级及以上职称人数)。

3. 学校(单位)无相应空余岗位的,如果具备下列情形之一,可由所在学校(单位)提交专项报告并填写《盐城市事业单位申报评审职称方案备案表》，经县（市、区）教育主管部门和人社部门审核同意后申报。（1）上一等级专业技术岗位有空缺的，可以调整到下一等级专业技术岗位使用（包括当年达到退休年龄的，下同。如上一等级空岗数调整到下一等级专业技术岗位后仍无空余岗位的，则不能申报）；

4. 规范中小学和中职校教师职称初定政策。2022年及以后毕业的硕士研究生和大专毕业生，入职后按国家有关规定，硕士研究生初定二级教师、在二级教师岗位任教2年以上可申报评审一级教师；大专毕业生在教学岗位见习满1年并考核合格的初定三级教师，在三级教师岗位任教2年以上可申报评审二级教师。

——盐城市教育局《关于做好2022年全市中小学和中等职业学校教师职称申报评审工作的通知》

五、我的思考：构建家校社共同体，营造协同育人新氛围

（一）家庭：需要强化父母及其他监护人的主体责任

留守儿童因为父母一方或双方缺位，从而在家庭结构上与其他儿童相比成为弱势群体。父母外出务工导致的照料缺失对子代的教育发展可能会从以下几个方面产生影响：首先，父母外出务工会影响父母与子女的相处时间和照料程度。即使留在家中的父母一方会加倍对孩子好，但是由于留下的一方需要承担更多的家务或田间劳作，难免会缺少照料辅导孩子学习的时间和精力。此外，父母双亲在家庭中扮演的角色有别，另一方难以完全代替。① 其次，对于父母均外出务工的儿童，他们主要由（外）祖父母照料，但由于祖辈文化水平均较低，普遍无法给予学习上的照料辅导；而对于祖辈身体较差的留守儿童而言，他们还要肩负起照顾老人的责任，这

---

① 姚嘉，张海峰，姚先国. 父母照料缺失对留守儿童教育发展影响的实证分析［J］. 教育发展研究，2016，36（8）：51-58.

无疑增加了留守儿童的劳动负担。

父母应意识到陪伴和关心孩子的重要性，即使在外务工繁忙，也要抽空回家看望孩子或定期进行视频通话，关心孩子的身体健康和学习情况，让孩子感受到被关心、被呵护、被重视。此外，家人的一言一行均是孩子模仿、学习的"范本"。即使父母不在身边，其他看顾者也应注重家风家教建设，以身作则、做好表率，引导孩子树立正确的道德观念和行为规范。①

【政策回顾】

第十四条　父母或者其他监护人应当树立家庭是第一个课堂、家长是第一任老师的责任意识，承担对未成年人实施家庭教育的主体责任，用正确思想、方法和行为教育未成年人养成良好思想、品行和习惯。共同生活的具有完全民事行为能力的其他家庭成员应当协助和配合未成年人的父母或者其他监护人实施家庭教育。

——《中华人民共和国家庭教育促进法》

（二）学校：关注孩子的全方位发展

学校和教师是教育改革的设计师和先行者。因此，学校和教师应首先树立正确的教育理念，一方面规避传统应试教育倾向，另一方面应将促进学生全面发展、激发学生学习动力、创造幸福完整的教育生活作为教育改革宗旨。② 丰富的校园活动、轻松愉悦的校园氛围、特色校本课程的研发可以帮助留守儿童建立及加深对生活的热爱、对家乡的认同、对自我的肯定，以及加强和同学、伙伴的人际互动。红小的"图书漂流角"和"循环日记"活动拓宽了留守儿童的视野，让他们更了解外面的世界和身边的同学；花样跳绳、足球、乒乓球、美术、素描、舞蹈等特色社团活动培养了

---

① 蒋桂黎.农村留守儿童心理健康教育及行为疏导［J］.中国果树，2022（9）：126.
② 夏之晨，陈昊璇，杨帆.新教育实验行动对农村留守儿童学业发展的影响及其机制研究［J］.中国电化教育，2023（2）：15-22.

孩子们广泛的兴趣爱好，让乡村生活更加有趣多彩；结合正红镇特色开展的草柳编课程和红色教育，让孩子们加深了对家乡历史文化的了解，养成了"吃苦耐劳""敢于奉献"的精神，重塑了"我是正红人"的自信。

其次，学校应建立有效的沟通平台，加强家校沟通。学校需要创新交流方法，让在外务工的家长可以第一时间掌握孩子们在校园的生活状况，从而配合学校开展一些工作。充分利用网络通信平台，可让家长充分介入学校的教育发展，发挥家校共育的积极作用。把学生平时各方面的表现及活动组织等积极反映到沟通信息群里，让家长可以准确了解学生在校情况，并随时调节好自身的教育模式，和教师一起推动学校的教育发展。[1]比如红小以直播的方式开展的预防近视主题的家校共育活动，让在外务工的家长也能参与到学校的教育工作中来。活动超过22万人次观看，起到了良好的效果。校长和教师还应加强家访，了解学生的家庭生活环境、家庭成员关系情况和家庭教育基本情况，做好学生家庭背景档案[2]，以便有针对性地、有预见性地开展学生工作，避免芳芳辍学这样的事情再次发生。

再次，乡村教师应该做好留守儿童的陪护者和心理保健师。现阶段寄宿制乡村学校非常普遍，教师与学生相处的时间更长，活动范围从课堂扩展到了学生的生活起居。教师要理解学生现实生活的需要，关注学生的饮食起居冷暖，关心学生的身体健康状况；学生生病时要尽到送医、看护责任；要培养学生良好的卫生习惯、生活自理能力。[3] 特别是对于父母不在身边的留守儿童们，教师的陪护给他们带来了更多的安全感。为了让远离父母的孩子具备较强的心理承受能力，教师要主动走近学生，了解和研究学生，聆听他们的倾诉，满足他们的情感需求，在得到学生信赖的基础上，使他们愿意听取教师的指导意见；帮助留守儿童认识自我、理解他人，学会自我调节、关心父母，消解他们因远离父母造成的孤独感，保持

---

[1] 罗伦洪. 加强农村留守儿童家校共育, 助推乡村教育振兴 [J]. 中国教育学刊, 2023 (1): 105.

[2] 刘宗珍. 依法带娃: 家庭教育的法律规制和实施路径 [J]. 中国青年研究, 2022 (11): 52–60.

[3] 王素华, 林琼芳. 留守儿童成长过程中乡村教师的作用与角色替代 [J]. 教学与管理, 2018 (18): 20–22.

积极健康的心态。

（三）政府：建立长效关爱机制

我国对留守儿童实施的社会救助项目众多，但仍存在相关政策和制度缺乏、政府主体责任不清、支持措施落实不到位的情况。关工委、民政、共青团、妇联等部门和群团组织都承担着一定的留守儿童关爱救助工作，虽各司其职，但负责的救助项目之间也存在交叉重叠。如以"留守儿童之家"或"儿童之家"为名的项目，有的地方是民政局牵头建设，有的地方是关工委和妇联主抓推动，有的地方是共青团主要负责，缺少统一、明确的职责划分和制度性规范。同时，由于缺少政府统筹，社会各方关心留守儿童的公益组织和爱心人士，处于自发组织和活动的"无序状态"，导致有些组织有动机、有资源却不知道如何投入关爱活动中，有些人士有意愿、有专业技能却找不到合适的组织和活动。这种政府和各个参与主体之间的协调沟通不畅，导致了重复工作、"救助空白"的状况，既浪费了大量资源，也难以形成关爱支持合力。乡村社区是以血缘和地缘关系为基础建构起来的小社会，也是乡村留守儿童社会活动的主要场所。但乡村社区在关爱留守儿童上起到的作用不足。一方面随着乡村逐渐出现"空心化"和乡村文化衰落，乡村目前处于比较松散的状态；另一方面许多村民不了解留守儿童问题的严重性，亦不知本地设有"留守儿童之家",[1] 使得社区的组织引导、帮扶照顾作用没有得到充分发挥。此外，有些村干部认为既然当地鼓励劳动力外出，就必然会导致留守儿童的产生，这种趋势是不可能逆转的，是一种不得不接受的常态和普遍现象。况且"父母外出打工是他们自己家庭的事情，家长外出后，自然要把孩子安排好"。这反映了部分干部、村民未能高度重视留守儿童问题，更难以充分发挥村委、社区的支持帮扶作用。

因此，政府应整合各方力量，综合利用资源，为留守儿童提供救助救

---

[1] 崔丽娟，肖雨蒙. 依托乡村振兴战略改善社会支持系统：留守儿童社会适应促进对策. 苏州大学学报（教育科学版），2022（10）：20-30.

济和社会支持。例如，社区或乡镇定期开展组织心理健康教育宣传活动，普及心理健康知识，强化社会对留守儿童的关心关爱。不断强化家访、校访的频率和力度，构建社区、家庭、学校三方联动的心理健康教育机制。针对极端情况，落实帮"困"措施，开展个案研究。

此外，各级政府应为留守儿童加强师资保障。2020 年 8 月，教育部等六部门印发《关于加强新时代乡村教师队伍建设的意见》，提出向留守儿童数量较多的地区和学校给予任课教师编制和待遇上的倾斜，帮助教师自我成长。因此各级政府应该抓住乡村振兴战略机遇期，利用好倾斜性、支持性政策，加强乡村教师队伍建设。适当放宽农村寄宿制学校教师编制，按一定比例配备专门的生活教师。通过"特岗教师计划"等渠道引进生活、心理健康教师，根据国家要求开齐、开全心理健康、安全教育、生理卫生等课程。建立心理咨询与辅导制度，配齐心理咨询室，对表现出退缩、回避、抑郁等心理问题倾向的学生及早发现、及时干预。通过设立留守儿童关爱特殊津贴、在晋级和评优等方面优先考虑等措施激励教师更加关注、关心留守儿童群体。

第六章 "后撤点并校"时代乡村校长的挣扎与坚守

"咬定青山不放松,立根原在破岩中。"三十三载如一日,他坚守在乡村教育一线阵地,扎根在教育系统的"神经末梢"。用心教学,以爱筑校,他是乡邻认可的"最美乡村教师",是师生公认的"大家长",更是立志提升乡村教育质量、促进教育公平的学校领头人。

一、案主描述及初印象

陈付明,男,土家族,1971年出生,中小学一级教师,湖南省张家界市桑植县人潮溪镇人,1990年毕业于湖南省永顺民族师范学校,2002年取得湖南广播电视大学汉语言文学教育大专文凭,自师范学校毕业后一直在桑植县人潮溪镇兴隆坪学校任教。1997—2006年担任兴隆坪小学校长,后因乡村学校布局调整,兴隆坪学校由片完小改为村小。2006年至今,他担任村小负责人,曾获得"桑植县教育教学先进个人"和"桑植县最美乡村教师"等荣誉称号。

二、校长是如何炼成的:风雨三十载从教路

(一)从哪里来,回哪里去

陈付明出生于湖南省张家界市桑植县的一个农村家庭,家境贫寒让他

深知读书是"跃出农门"的唯一出路，教育是改变命运的关键法宝，因此用心做好教育工作，成为了贯穿他半生的宗旨。

陈付明的父母都是朴实的农民，家中还有一个哥哥和一个妹妹，父母一生的愿望就是把自己的孩子送出大山，无奈他的哥哥在读完初二之后因贫辍学，虽说当时的学费只需几十元，但这个数字，在那个年代对于一个农村家庭来说是一笔不小的开支。到了陈付明读书的时候，他的成绩很不错，父母心想无论如何自家的孩子至少要有一个"跃出农门"，因此一直咬牙支持着。适逢当时村里有中等师范生的招生指标，于是陈付明便报名参加了考试，并顺利读上了中师。

1990年陈付明中师毕业，依照当时"从哪里来"就"回哪里去"的毕业生分配制度，回到了桑植县人潮溪镇的兴隆坪小学。对于这个分配结果，陈付明没有任何异议，甚至感到自己是幸运的，因为兴隆坪小学就是他的母校。陈付明回忆道："我当时在这里上学的时候，它还是一所村小，到我来教书的时候它已经是一个片完小了。记得我刚分配到学校的时候，感觉跟我小时候没有什么变化，房子还是那几栋用石头垒起来的旧房子，操场也没有，就是一片黄土地。不过当时能够回到母校任教是十分激动的，这里的老师都很欢迎我，其中还有曾经教过我的老师。"

陈付明被分配到兴隆坪小学之后就一直担任语文老师，是当时兴隆坪小学唯一一个从正规师范学校毕业的师范生，其他的大多都是代课教师或者民办教师，所以他的教学能力一直都比较突出。工作一年之后，当时学校的老校长就找到了他，让他担任教导主任一职，负责学校的教务工作以及学生管理工作。这位老校长，可以说是陈付明职业生涯的引路人，他刚参加工作时，老校长已经五十多岁了，因为都是同乡，论辈分，陈付明还得叫他一声爷爷。"老校长在这所学校一待就是几十年，当时学校的那些房子，都是在老校长的牵头带领下，学校和乡邻以及村委共同出资修建的。其实老校长的家庭条件同样很艰苦，属于当地人口中的'半边户'，也就是只有他一个人有工作，爱人是在家务农的。当时为了学校里的大小事务，老校长没少操心，因此生活的重心一直放在工作上，难免有时候照顾不到家庭，跟家人吵架拌嘴也是常有的事。有一次老校长跟家人闹矛盾了，我去从中调解，劝老校长把重心多往家庭方面靠一靠，老校长却说：'我现在的家，就是这个学校！'"正是老校长的这句话触动了陈付明。试问有这样全心全意为学校付出的校长，何愁学校会办不好？这种以校为家，全身心投入乡村教育事业的精神成为了陈付明日后工作的支撑。

（二）师生协力，共同筑校

从教 6 年之后，陈付明在老校长的推荐和劝说下接任了校长一职，正式开启了自己风雨十年的"校长之路"。

他接任校长一职时年仅 26 岁，十分年轻。据他回忆，任职之前老校长找他谈话，有意将他作为接班人培养。那时候他的心里是没底的，毕竟当校长远比当一名任课老师要复杂，压力也要大得多。接任之后，他时常担心自己难以胜任，甚至在心里打过退堂鼓。是老校长的多次开导，加之当地政府对于学校工作给予的大力支持，才让他下定决心挑起这个担子。

陈校长上任后做的第一件事就是改善学校环境。"我记得我刚来的时候，学校跟我当时读小学的时候没太大的差别，各种设施都比较老旧，条件相较其他学校算是落后的，所以我就下决心要改变学校的面貌。"巧合的是，当地政府要修缮水库，学校的旧址在引水区，需要搬迁。借着这次机会，陈校长多方争取，筹集了四十余万元的搬迁征收费用，重新选址，修建学校，于是才有了现在的教学楼和教师宿舍。

故事 1　齐心协力建操场

2000 年，兴隆坪学校搬迁新址。看着孩子们课余在黄土地上玩耍弄得尘土飞扬，陈校长不免担心学生们的健康，于是动了修建一个操场的念头。

萌生这个想法后，陈校长立刻向村委会反映，希望村里能帮忙共同解决这个问题，以方便师生的日常活动。经过多番沟通，最后终于争取到乡政府和县教委的专用资金七千元。而学校操场的修建，经专业评估大约需要一万余元。这中间还有三千多元的缺口上哪里补？这成了陈校长的头号难题。陈校长又跟村委会协调组织捐款，村长和村支书为学校筹集到了一千余元的捐款，而剩余的两千余元则是全体教师开会讨论之后集体捐赠的。老师们特别淳朴，都表示愿意把学校当成自己的家，对于共同改善"家"的环境更是义不容辞，陈校长对此十分感动。

筹集到足够的资金后，操场的修建就正式动工了。没想到修建操场的过程令陈校长更为动容。在购入一部分原材料后，学校发现工程所需资金远比预估的要多，但此时没有多余的资金请工人了，原材料也得再想办法。于是在课余时间，便经常可以看到老师带着学生到附近的河边挑来石头，在平日里没课的时候，老师们就自己背着锤子，把石头砸碎铺平。陈校长骄傲地说："我们兴隆坪小学的操场，汇聚了所有师生的心血，是全体师生一块石头一块石头挑出来的，一锤子一锤子砸出来的。"

谈及这一段往事，陈校长说道："正如老校长所说的，学校也就是我们的家，而校长就是这个家的大家长，不管是对老师还是对学生，我都要用心去关怀他们，用爱去感化他们，让他们在这里真正有'家'的体验。也正因为所有师生把学校当成他们共同的家，全体师生拧成一股绳，才形成这样的凝聚力，共同完成了学校操场修建这一艰难任务。"

（三）身份虽变，初心不改

2006年兴隆坪小学经历了撤点并校。为了整合教育资源，改变乡村学校布局，兴隆坪小学的五、六年级撤并到了中心学校，在之后的一年里，三、四年级也相继撤并到了中心学校。陈校长也因此由一名片完小的校长转变成了一名乡村教学点的负责人。

当提及从"校长"到"负责人"的身份转变时，陈校长是这么说的："其实并没有太大的影响，我只想干好我的工作，怎么样都是为乡村教育服务。我自己是从农村出来的，深知读书对于孩子一生的重要性，我会一如既往地做好我自己的工作。这就是我当时的想法。"在访谈的过程中我们得知，在这两次撤点并校的过程中，陈校长都有机会到中心学校任职，但是他都没去。"能去中心学校工作确实是一件好事，但是我的主要考虑有两点：第一，兴隆坪小学汇集了我很多年的心血，我早已经把这里当成我的家了，舍不得离开这里。第二，我自己也在这里成了家，再去中心学校工作，不方便照顾家里。反正在哪都是工作，我就还是留在这里吧。"陈校长面临更好机会的时候依旧选择留在原来的学校，足以证明他对这所学校、这片土地的热爱。

经历两次撤点并校之后，兴隆坪小学三百余名师生骤减到两名老师、二十几名学生。"其实我们学校在撤并之前办得还挺红火的，师生规模在我们当地的村级小学都是数一数二的，而且我们学校的教学质量好，从我们这里走出去的不管是老师还是学生，到了其他学校都是佼佼者。一下子撤并到只有二十几个人，我这心里还真的有点空落落的感觉。其实很多老师也不想离开这里，因为大家都共同见证了这所学校的建设和发展，难免会舍不得。"

学校撤并之后只有一、二年级两个班了，但是陈校长和另一位老师的工作量却不减反增，因为他俩需要包班教学，教学任务非常重，再加上都是低年级的孩子，在授课之余就更加需要注意他们的安全问题，不论是在课间还是在午休或放学后，都要随时关注他们，以防出现安全事故。"我们的教学点就是为了服务村民而存在的，村民愿意把孩子送到我们这里来读书，是对我们的信任和支持，我们不能辜负了他们。不论是在日常的安全问题上还是在教学质量上，都马虎不得，哪怕最后只剩下一个学生了，我们也要上好每一堂课，教好每一个人。"

三、治校经验：用心管理，以爱筑校

（一）规范治校，情感留人

在办学与治校方面，陈校长表示作为一名学校的领头人，想要办好学校首先一定得有一个明确的办学目标，并且根据学校的特定情况制定相适应的规则。学生的养成教育是他在任期间给学校定的主要方向之一。他制定了详细的规章制度，要求包括自己在内的全体教师以身作则，同时也要求全体教师严格遵守中小学教师行为规范的"十要十不准"原则。陈校长认为作为一校之长，不仅仅要管好全体师生，还要处理好师生之间、师师之间的关系，竭尽全力帮助他们解决遇到的难题，做好学校管理工作的同时更要做好师生的服务工作，这样才能当好学校的领头人、大家长。

故事2　修缮房顶暖人心

兴隆平小学有一名四十多岁的男教师，是一位民办教师。民办教师的待遇相较在编教师偏低一些，加之这位老师的妻子没有工作，家中还有几个孩子尚在读书，他的生活压力和负担可想而知。

有一次他的妻子来到学校，陈校长无意中听到了办公室中传来了两人吵架的声音，随后便找到这名老师了解情况。聊过之后才得知他们家中的房顶年久失修，那段时间阴雨不断，家中已经开始漏水了，妻子和他提了好几次，可他都没钱进行修缮，为了躲避妻子的追问他暂时住在了学校，恰巧那天又下雨了，妻子便追来学校与他发生了争执。陈校长掌握情况后，组织了几名男老师一起开会商议，大家一致同意共同筹集资金和建筑材料，帮助这名老师解决困难。

在一个周末，陈校长带领其他老师和村委会书记一同到了这位老师家中，帮他修缮房顶、缓和家庭关系。这件事情之后，这位老师找到陈校长对他表示了感激之情，从此也更加安心地投入到教育教学中。

正如当年老校长和乡政府在他刚接任校长时，不遗余力地帮助他解决困难一样，陈校长也一直把自己当作老师们的坚强后盾，在各方面替他们排忧解难、遮风挡雨，让他们没有后顾之忧，可以更好地教书育人。

（二）互动教学，严把质量关

陈付明一直承担着教学任务，当校长后也没有放下。从一开始的专科教师，到现在的全科教师，三十多年的一线经验让他对于教学有着自己的独到见解。陈校长认为，教学并不是老师单方面能独自完成的任务，它是双向的，所谓教学既要有老师的"教"，更要有学生的"学"，两者密不可分。乡村学校学情更为复杂，存在着学生基础差、留守儿童多等种种不利于教学工作开展的情况，更加考验老师的教学能力。"作为一名老师，你一定要足够了解你的学生，知道学生需要什么，对什么感兴趣，在对你的学生有一个全面的了解之后，才能根据学生的基本情况制定恰当的、适合的教学方法，才能选择合适的机会去教会他们一些特定的内容。只有激发学生在学习中的积极性和主动性，达到老师与学生之间的双向互通，才能收到良好的教学效果。"此外还有一个关键点，老师一定要在课后对学生进行实时跟进，及时确认学生是否真正掌握了知识点。当然，作为校长，他也会积极主动、亲力亲为地去了解老师的每一堂课是否达到了应有的教学效果。"一个真正会教书的老师绝对不是上完课就万事大吉了，而是要确保每一名学生在你的每一堂课上都达到应有的目标。课前、课中、课后，都应该纳入到教学步骤中来。"

陈校长一直严把教学质量关。在学校撤并之前，每年都会有新的年轻老师来到兴隆坪小学任教，他们虽然都是科班毕业的师范生，理论功底深厚，但是实践经验明显不足。对于这种情况，陈校长采取"以老带新"的办法，给每位新老师指派一名老教师予以指导和点拨。经过一段时间的学习和适应之后，学校会组织全体老师进行听课考核，检验新老师的教学能力。陈校长说这种"传帮带"的良好传统，从他刚到这个学校任教起就有，并一直延续了下来，加上完善的考评机制，兴隆坪小学的教学质量在当地是有口皆碑的，乡邻们也更愿意把孩子送到这里来念书，从这所学校走出去的教师，到了其他单位也是专业素质过硬的骨干。在学校撤并之后，陈校长对于学校教学质量的要求依然没有放松，从学校读完低年级出去的学生们普遍基础扎实，得到好评，所以周围的学生家长才纷纷坚持一定要把兴隆坪教学点保留下来。

三十多年来，陈校长秉承着用心做教育的初衷，扎根乡村深处，为当地的农门学子带来走出大山的希望，为众多乡村教师树立学习的榜样，为乡村教育付出了汗水和心血。他的努力与奉献也收获了师生、乡邻以及政府的认可，在 2020 年 9 月 10 日第 36 个教师节之际，他被县委、县政府评选为"桑植县最美乡村教师"。

四、乡教负荷：夹缝中求生存

（一）生存空间日益狭窄

是否应当保留乡村小规模学校和乡村教学点这一问题，一直以来都是国内外学界热议的话题。一部分学者认为从教育公平的角度来看，乡村小规模学校应当予以保留；另一部分学者则认为从规模效益的角度看，乡村小规模学校应适当撤并。

陈校长支持前者的观点："我们这个教学点的存在其实就是为村民们减轻教育负担，当然更重要的是服务于教育公平，保证每一个孩子都有学上。"事实也正是如此，我国大多数乡村小规模学校的服务群体都是贫困家庭的孩子或者留守儿童，撤并教学点后，新学校往往集中在镇上，部分距离学校较远的学生不得不每日来回奔波。乡村的交通设施并不发达，相当多的孩子只能长途步行，再加上许多家长没有时间每日到中心学校接送，孩子上学路上的安全问题令人担忧。选择住校的学生，也可能会因为年龄尚小不适应与家人分居，从而导致身心健康受到影响，同时住校也会导致家长参与教育的机会被削减。这就是不少教学点还没有被撤并的重要原因之一。

尽管如此，乡村教学点的生存空间仍旧在不断缩小，其根本原因在于生源的不断流失。"之前我们这里几乎每个村都会有自己的村小，而现在只剩下两个教学点了。我们这个村是两村合并的，人口基数较大，学龄儿童也较多，所以教学点一直都还有十几、二十个孩子，而邻村的教学点目前已经只剩三名学生了。随着学生越来越少，我想我们这些教学点的消亡，也是迟早的事了吧。"随着乡村振兴战略的深入推进，乡村经济稳步发展，乡村家庭对下一代的教育问题愈发重视。陈校长说："我们这里条件稍微好一点的家庭可能都不会让孩子在我们本地读书，要么送到县里的学校，要么送到市里的学校，毕竟我们这边各方面的条件都比不上城镇学校。而且乡村父母的思想观念也在发生变化，他们也想给自己的孩子创造一个比较好的条件，提供一个更好的平台。"对于不断流失的生源，陈校长表示万般无奈却又充分理解。

"一校几生"甚至"一校一生"的现象在乡村小规模学校中屡见不鲜，这导致了部分学者和政府部门对乡村小规模学校产生"教学设备闲置、浪费资源、教育质量良莠不齐"等印象，也在一定程度上助推部分地方政府将城镇大规模学校作为教育发展的重点，忽视乡村小规模学校发展的趋势。在这一点上，兴隆坪教学点是幸运的，当地政府对其竭尽所能地进行了帮助与扶持。"前年我们学校又经过了一次修缮，对房顶进行了加固补漏，墙体进行了粉刷，电路也重新走了一遍。政府部门对我们学校的投入还是有的，尤其在安全问题这方面一直都特别重视。"实际上，类似兴隆坪教学点这样不论学生人数多少，依旧保证优质教学质量，用心办学的小规模学校并不在少数。乡村小规模学校在保障教育公平、传承乡村文化等方面承担的社会责任是义务教育城乡一体化发展不可或缺的一部分。

（二）师资队伍难以为继

与生源流失相对应的，乡村教学点的师资力量也十分薄弱。经历两次撤并之后，兴隆坪教学点如今的师资就只剩陈校长本人与另外一名退休返聘的老教师两人了。由于师资短缺，教学点往往只能采取包班教学的方式，这意味着老师工作时间长、压力大，保证教学质量的难度高。"眼看着还有几年就退休了，也不知道我和这个老教师都退休之后，这个教学点还有没有人继续留守。"和陈校长的交流沟通中，我们发现乡村教学点难以流入新鲜血液或者年轻教师不愿扎根乡村教学点的主要原因集中在三个方面。

第一，乡村教学点教师的自我认同感和社会认同感在下降。"感觉我们这种乡村教师被'边缘化'了，根本引不起别人的重视和关注，尤其在村小和教学点感觉更为明显。就像我们这里，镇中心学校有什么活动，或者上级教育部门有什么活动，与我们这种村级教学点基本没有什么关系，我们不受关注、不被看见。"陈校长表示，这种情况对于一个常年扎根乡村的老教师而言可能影响不大，但是对于一个初来乍到、尚未适应乡村生活的年轻教师而言，势必会影响他们的工作积极性和留守意愿。

第二，乡村教师工资待遇偏低，职称评聘道路不畅通。乡村教师的薪资问题一直以来是政府关心的重点，在数条利好政策出台之后，这个问题虽得以改善，但仍然是导致众多年轻教师出走的因素之一。目前三十几年教龄的陈校长，每月到手的工资仅4000余元，就乡村收入的整体情况而言，待遇还算过得去，但是相较城镇教师或其他职业就相形见绌了。尤其陈校长家中尚有两名还在念书的孩子，每月的生活费就是一笔不小的开支；妻子没有固定工作，生活压力可想而知。类似陈校长这种一人养全家的乡村教师并不在少数。

教师职称的评定直接影响教师的工资待遇。由于目前职称评聘所需的材料繁多，评定资质重重设限，指标稀缺，导致教学点的老师职称评聘难上加难。"现在教师评职称要有课题、论文、荣誉等一系列东西，这些条件往那一摆，基本就和我们教学点的老师无缘了，再加上我们这里也已经很多年都没有指标了，像我都快退休了，还是一级教师，副高也迟迟没有评上。"陈校长的情况并不是乡村教学点老师的个例。首先，乡村教学点的教师，年龄往往偏大，相较城镇学校的年轻教师而言，他们的优势更多集中在教学实践方面，而理论功底和论文材料撰写能力相对薄弱。其次，教学点通常师资力量不足，教师多为包班教学，教学与非教学任务更为繁杂，自然也鲜有时间花费在教育科研上。再次，职称指标分配时，乡村教学点常年被忽视，教学点的教师连报职称的机会都没有。

第三，教师专业能力提升困难。教师专业发展是乡村教育发展的必要前提，更是教师自身成长的必然需求，而乡村教学点教师专业的发展在诸多方面都受到了限制。首先，受限于经费少、交通不便、缺少相关培训设备、与教学时间冲突等种种因素，乡村教学点教师专业发展路径极为不畅。访谈中陈校长提到现在大多数业务培训都需要通过电脑来完成，这时他们就只能课后去其他地方借用设备来完成。比如近期开展的中小学教师信息技术应用能力提升工程的培训，陈校长和另一名老师只能利用晚上的时间去村委会借电脑学习。其次，业务培训效果不佳。教学点教师参加专业培训，往往是在结束一整天的教学工作，或者经历长时间车程来到镇上后进行。此时教师往往身心俱疲，在这种状态下进行培训不仅效果大打折扣，更是会让培训成为教师的负担。而且不少培训内容脱离了乡村教师的实际需求，培训适切性差也导致教师参与培训的主动性不高，影响培训效果。

五、我的思考：乡村小规模学校的破局之策

（一）正视乡村小规模学校价值，找准发展定位

乡村小规模学校的去留问题从根源上看是"效率"与"公平"之争，而实际上"公平"和"效率"也并非非此即彼。想要破解小规模学校发展的困局，必须要正视乡村小规模学校的价值。

乡村小规模学校是农村义务教育的重要组成部分，在乡村振兴战略和城乡教育一体化发展中发挥着多重功能性价值。乡村小规模学校是守住教育公平的"最后一道防线"。作为农村义务教育托底保障，乡村小规模学校满足了乡村"走不出去的家庭"就近上学的实际需求。

首先，乡村小规模学校"小"有"小"的特色，"小"有"小"的潜力。相较大校大班，小规模学校因其特殊的小校小班办学模式，可以更好地进行以学生为主体的教育，小班教学也更具有针对性和灵活性，能更全面地挖掘学生的兴趣爱好与内在潜力；同时因其服务当地特性，能更好地与学生家长联络，促成更为有效的家校共育；小规模办学在学科建设上更容易推陈出新，因地制宜地发展乡土特色课程。

其次，乡村小规模学校在发挥教育功能的同时，还可为乡村社区提供其他隐性功能。相较于城镇，乡村学校更像是社区中心，是乡民日常交集的重要场所，同时也是乡村文化的传播中心。在城市化日益加速的今天，乡村小规模学校承载着将现代化文明引进来，把乡土文化传出去的重要责任。同时，乡村小规模学校也在一定程度上承担着乡村社区稳定保障的功

能，让学龄儿童都能接受义务教育，极大程度减少了"问题少年"的出现，促进了乡镇社区稳定的局面。

再次，乡村小规模学校促进了乡村经济交易活动，为乡村振兴战略发展助力。由于乡村小规模学校的存在而产生的购置学习用品、生活必需品等消费行为盘活了乡村的经济交易活动，如若学校撤除，这些经济往来也将不再存在。同时振兴乡村教育亦是乡村振兴战略不可或缺的一环，乡村小规模学校培养现代化人才并厚植乡土情怀，让更多的农门学子走出大山，学有所成后仍能回馈乡土、反哺乡村，为乡村经济添动力。

明确了乡村小规模学校的功能与价值之后，小规模学校的建设与发展也是我们值得关注的重要问题。目前乡村小规模学校的办学和管理主要依附于中心学校，想要建设好、发展好乡村小规模学校，可以从如下三个方面入手。

第一，2018年国务院办公厅出台的《关于全面加强乡村小规模学校和乡镇寄宿制学校建设的指导意见》明确指出实行中心校长负责制，这种管理体制的提出是希望通过乡镇中心学校的统一管理、统一考核来带动乡村小规模学校的发展。依照这一政策，建立完善责任制度，让中心校切实承担起小规模学校建设发展的责任，让中心学校校长成为乡村小规模学校建设发展的第一责任人，负责整个片区教育的总体规划、协调和发展。[1] 教育行政管理部门通过严格的评估考核机制，鼓励和督促中心校校长确保乡村小规模学校获得应有的资源。

【政策回顾】

发挥中心学校统筹作用。强化乡镇中心学校统筹、辐射和指导作用，推进乡镇中心学校和同乡镇的小规模学校一体化办学、协同式发展、综合性考评，实行中心学校校长负责制；将中心学校和小规模学校教师作为同一学校的教师"一并定岗、统筹使用、轮流任教"。完善乡村学校评价方

---

[1] 张慧心，牛世全. 乡村小规模学校内生发展的路径选择［J］. 教学与管理，2021（17）：7-9.

式，充分激发每所学校和广大乡村教师教书育人的积极性、创造性。统一中心学校和小规模学校课程设置、教学安排、教研活动和教师管理，推进教师集体教研备课，统筹排课，音乐、体育、美术和外语等学科教师可实行走教，并建立相应的政策支持机制。中心学校要统筹加强控辍保学工作，落实目标责任制和联控联保工作机制。

——《国务院办公厅关于全面加强乡村小规模学校和乡镇寄宿制学校建设的指导意见》（国办发〔2018〕27号）

第二，在厘清中心学校与小规模学校之间的权责关系后，在公用经费使用、内部事务管理、学校发展规划、校本课程开发等方面适当给予乡村小规模学校办学自主权。乡村小规模学校在拥有办学自主权的前提下，根据自身的特定乡土环境和发展境遇，确定办学方向和发展路径，从某种程度上来说，即便是积贫积弱的学校都有可能通过特色办学和发展实现优质教育资源的产生。同时，赋予乡村小规模学校创新发展的空间，可以增强校长的主体责任意识，以便更好地规划乡村小规模学校的发展之路。[①]

第三，创新发展乡村小规模学校，与乡土自然人文资源充分融合。在党的二十大报告中再次提出了"城乡教育一体化"发展，但由于乡村学校与城镇学校所处的社会环境截然不同，所以不能将"一体化"发展简单地理解为"一样化"发展。[②] 小规模学校一般坐落在乡村深处，拥有最为深厚的乡土人文资源和自然资源，如何利用好这些资源创新办学模式，形成特色发展是小规模学校发展的关键。乡村小规模学校扎根乡村社区，在与社区互动方面有天然的优势，应充分发挥这一优势，统筹乡村小规模学校与社区其他公共服务部门，共同参与乡村小规模学校办学条件改善的行动，推动乡村小规模学校与社区共享、共管资源。同时，通过学校引入本土性、地方性的文化，厚植学生与教师的乡土情怀，通过学校所在地区民族传统文化的滋养促进学生全面发展。创新发展乡村小规模学校，塑造特

[①] 张雨晴，李茂森. 乡村小规模学校内生发展的困扰与路向[J]. 湖州师范学院学报，2022，44（6）：22-27.

[②] 邬志辉. 全力打赢农村"两类学校"建设攻坚战[N]. 人民日报，2018-08-20（13）.

色办学优势，可以杜绝与城镇学校的盲目攀比，帮助乡村学校开发自身优势资源，走特色发展道路，真正实现均衡、高质量的发展。

（二）提升教学点教师待遇，畅通专业发展通道

乡村振兴关键在教育，教育振兴关键在教师。乡村教学点的师资队伍建设和优化是巩固脱贫攻坚成果的关键。当前乡村小规模学校面临较差的工作环境、多学科教学负担、公共基础设施不完善、偏离经济文化中心等现实困境，从而导致乡村小规模学校教师"下不去、留不住、难发展"等种种问题的产生。如何有效补充、留住和发展乡村教学点教师，我们提出如下几点建议。

第一，加大"定向师范生"培养力度。当前，大多数师范生选择留在城市或者县城就业，并未有效地补充到乡村教师队伍中，满足不了我国乡村小规模学校分布广、设点多，师资力量不足的现状。而为乡村小规模学校和乡村学校专门培养一批定向师范生能较好地解决此类问题，建立起乡村小规模学校的师资长效补充机制。具体做法可以参照湖南省2022年实施的"乡村教师公费定向培养计划"，公费定向培养的学生毕业后必须回到生源地所在的县（市、区）以下农村学校从事教育教学工作不少于6年，定向培养的县（市、区）教育行政部门负责落实任教岗位和编制，实现定岗到校，优化乡村教师年龄结构、专业结构和资源配置，长期定向为乡村中小学输送优质师资。

第二，完善和落实相关政策，建立和完善激励机制。首先，要确保各项有关乡村教师发展的政策在各地区落到实处，国务院《乡村教师支持计划（2015–2020年）》明确指出要提高乡村教师生活待遇，职称（职务）评聘要向乡村学校倾斜。职称晋升方面，建议在职称评聘等方面向乡村小规模学校予以制度倾斜，灵活制定评判标准。优化待遇方面，建议按照教师的乡村工作年限（不分职称）发放岗位补助，并且补助随着留岗任教年数的增长而增多。针对长期坚守乡村的教师发放特殊补助津贴，尤其是超过一定年限的老教师，退休后仍可继续发放。根据不同区域不同处境教师的实际需求发放满足他们生存与发展的各种津贴补助，如子女教育津贴、

重大疾病救助金等。这样，不仅能增强乡村小规模学校教师的留岗意愿，更能提高其岗位吸引力，最终激励和保障乡村小规模学校教师下得来、留得下。

【政策回顾】

（三）提高乡村教师生活待遇。全面落实集中连片特困地区乡村教师生活补助政策，依据学校艰苦边远程度实行差别化的补助标准，中央财政继续给予综合奖补。各地要依法依规落实乡村教师工资待遇政策，依法为教师缴纳住房公积金和各项社会保险费。在现行制度架构内，做好乡村教师重大疾病救助工作。加快实施边远艰苦地区乡村学校教师周转宿舍建设。各地要按规定将符合条件的乡村教师住房纳入当地住房保障范围，统筹予以解决。

（五）职称（职务）评聘向乡村学校倾斜。各地要研究完善乡村教师职称（职务）评聘条件和程序办法，实现县域内城乡学校教师岗位结构比例总体平衡，切实向乡村教师倾斜。乡村教师评聘职称（职务）时不作外语成绩（外语教师除外）、发表论文的刚性要求，坚持育人为本、德育为先，注重师德素养，注重教育教学工作业绩，注重教育教学方法，注重教育教学一线实践经历。城市中小学教师晋升高级教师职称（职务），应有在乡村学校或薄弱学校任教一年以上的经历。

——国务院办公厅《关于印发乡村教师支持计划（2015—2020 年）的通知》（国办发〔2015〕43 号）

第三，提升乡村教师培训质量，畅通专业发展渠道。塑造高素质、专业化的教师队伍是我国社会主义新农村建设与教育现代化的必然要求。[1] 同时，教师的专业发展也是教师专业素养成长的过程，意味着教师内在结构连续不断地完善、丰富和发展的进步趋势。[2] 乡村教师专业发展道路的

---

[1] 吕亚楠. 乡村教师专业发展支持系统的现状分析及重构 [J]. 教育理论与实践，2016，36（17）：22-24.

[2] 叶澜，白益民，王枬，等. 教师角色与教师发展新探 [J]. 甘肃教育，2015（3）：128.

畅通，需要立足于现有的教师培训体系，通过国家、地方、学校以及教师自身相互协调合作。教育行政机构应当认真贯彻落实国家有关乡村教师发展的政策规定，建立并完善教师培训机制，保障经费投入，监督培训质量。同时，教育行政部门应当紧密结合当地发展的实际情况，制定符合当地实际的政策予以支持；根据乡村教师发展的实际需要制定培训内容，加强培训的时效性与针对性。

【政策回顾】

（七）全面提升乡村教师能力素质。到 2020 年前，对全体乡村教师校长进行 360 学时的培训。要把乡村教师培训纳入基本公共服务体系，保障经费投入，确保乡村教师培训时间和质量。省级人民政府要统筹规划和支持全员培训，市、县级人民政府要切实履行实施主体责任。整合高等学校、县级教师发展中心和中小学校优质资源，建立乡村教师校长专业发展支持服务体系。将师德教育作为乡村教师培训的首要内容，推动师德教育进教材、进课堂、进头脑，贯穿培训全过程。全面提升乡村教师信息技术应用能力，积极利用远程教学、数字化课程等信息技术手段，破解乡村优质教学资源不足的难题，同时建立支持学校、教师使用相关设备的激励机制并提供必要的保障经费。加强乡村学校音体美等师资紧缺学科教师和民族地区双语教师培训。按照乡村教师的实际需求改进培训方式，采取顶岗置换、网络研修、送教下乡、专家指导、校本研修等多种形式，增强培训的针对性和实效性。从 2015 年起，"国培计划"集中支持中西部地区乡村教师校长培训。鼓励乡村教师在职学习深造，提高学历层次。

——国务院办公厅《关于印发乡村教师支持计划（2015—2020 年）的通知》（国办发〔2015〕43 号）

第四，乡村学校应当积极营造开放合作的校园环境，加大乡村学校之间、城乡学校之间的合作交流，建立校与校之间的伙伴关系。乡村学校之间因地理位置近，环境差异小，从而有较多共同点，在教师专业发展过程中，通过交流合作可以更好地发现问题、解决问题，从而助推乡村教师学习共同体的建立,促进教师专业发展;城乡学校之间伙伴关系的建立,更多的是依靠城镇学校优质的教育资源帮扶乡村教师专业的发展。

最后,乡村教师自身也应积极发挥个体的主体作用,增强专业发展的内生能力。乡村教师需要不断增强自我专业发展的主体意识,及时把握有利于自身发展的一切因素与资源。譬如,主动利用网络认真学习,通过观看诸如"微课""慕课"等视频资源不断提升自身的理论水平和教学技能,并且及时将所学的知识、技能运用到教学实践,在实践中不断强化、反思以及完善。①

---

① 吴云鹏. 乡村振兴视野下乡村教师专业发展的困境与突围 [J]. 华南师范大学学报(社会科学版), 2021 (1): 81-89, 195.

第七章　一名退伍老兵的教育之旅：
40余年的坚守

"实现中华民族伟大复兴，基础在教育。"教育发展，乡村教育不能落下，乡村校长在这其中肩负着重要的责任。佘勇从一名退役军人转变成一名乡村教师，再成长为乡村校长，40余年的乡村光阴，体现的不仅是持久坚定的行动力，更是深厚的乡村教育情怀。军旅生涯铸就了佘校长顽强拼搏、吃苦耐劳、冲在前头的优良作风；脱下军装，不变的是他心中那份责任与担当：扎根乡村，为乡村教育奉献无悔人生。

一、案主描述及初印象

佘勇，男，土家族，中共党员，1961年生，张家界市慈利县人，大专学历。1978年5月以民办教师身份参加教育工作，1979年应征入伍，退役后通过公开招考进入慈利县江垭镇长峪完全小学（现长峪片校）任教，随后又分别在岩板田完全小学（现岩板田片校）、莲坪完全小学（现已撤销）、四坡完全小学（现已撤销）、南洋书院及江垭镇中心完小任职。在40余年的乡村教育生涯中，他在江垭镇一人一校的点校工作过2年，在完全小学工作36年，担任班主任10年，担任学校管理人员32年。他于1993年被聘为小学高级教师，先后共获得14次嘉奖，并于2017年被评为镇级优秀教师，撰写的《学校评价教师之我见》等诸多论文获得县级及以上荣誉奖项。

佘勇皮肤黝黑，乍眼一看，像是常年在工地工作的包工头，无法想象他是一名小学校长。当我问他如何评价自己的校长身份时，他略带玩笑地说道："当校长犹如当'工头'。"佘校长为人和善热情，镇上熟知他的居民们都爱找他闲聊，话题从孩子学习不积极、偏科等眼下的问题，到大学就读什么专业、未来从事什么职业等长期规划都有，但不论什么问题，他都会热情、尽力地为居民们答疑解惑。同时，他热心参与乡村社会中的各种活动，比如在婚丧嫁娶民俗文化活动中担任"督管"（当地方言，意为协助主家举办各民俗文化活动的负责人）、负责写账等，在乡友们的红白喜事中常看到他忙碌的身影。

二、校长是如何炼成的：退伍不褪色，换装不换心

（一）初出茅庐，略有小成

20世纪80年代中期，我国面临着"知识重获尊重，小学教育初普及，但仍有超过两亿的人口处于文盲半文盲状态"[1]的现实状况，科学和教育成为建设有中国特色社会主义的重要抓手。退伍返乡后，佘勇选择重回入伍前的教育领域，顺利通过教师招考，成为长峪完全小学的一名数学老师。长峪完全小学位于长峪村，与佘勇家距离较远，当时交通不像现在这般便利，他上下班全靠步行，来回2个小时左右。当我们问他为何选择"教师—军人—教师"这一职业循环历程时，他借用习近平总书记的讲话谈到："青年的命运，从来都同时代紧密相连。当年对越自卫还击战打响，国家和人民需要我们这些年轻人抛头颅、洒热血，我义无反顾地应征入伍。改革开放后，国家进入社会主义现代化建设阶段，全面实现九年义务教育，基本扫除青壮年文盲是国家建设的基础和任务，我便在退役后选择从教。"

---

[1] 王家源.夯实千秋基业，聚力学有所教——新中国70年基础教育改革发展历程［N］.中国教育报，2019-09-26.

重返教师队伍后的第7年，佘勇开启了从教生涯的第二重身份——乡村校长。当我们问他是如何从一名普通教师转变成一名乡村校长时，他认为是幸运加努力。当时和佘勇一起奋斗在一线的青年教师，均在中小学阶段受到过"文化大革命"的影响，没有机会接受正规教育，所掌握的知识内容较少。为减轻"文化大革命"造成的影响，以及秉持着"不误人子弟"的原则，佘勇每次备课都会反复复习课程相关内容，也会站在学生的角度去思考解决问题的多种方式。正是他扎实的知识功底、过硬的教学能力、勤勉的教学态度以及科学的教学方法，使得长峪完全小学的六年级数学常年保持全镇前列的优异成绩，这让上级领导注意到他。1985年，中共中央颁布《关于教育体制改革的决定》，提出"把发展基础教育的责任交给地方"。选拔一名负责任的乡村校长，成为地方发展乡村教育的关键。恰逢当时岩板田完全小学的校长调任至其他学校，在佘勇的高中班主任杨大夏老师和另一名乡村校长田其中的力荐下，他获得了当地领导的认可，于1985年9月调入岩板田完全小学担任校长。任职校长期间，为弥补知识和能力的不足，他通过县级选拔获得了在职进修的机会，全县共选拔了24人前往当时的常德师范专科学校小学教育大专班进修。1991年他顺利毕业，获得大专文凭，1993年被聘为小学高级教师。当佘校长描述这段过往时，我脑中拂过范梈的"人生万事须自为，跬步江山即寥廓"。佘校长没有抱怨特殊时期所导致的教育缺失，而是将其作为自己努力拼搏的出发点，步步扎实努力，最终收获属于自己的风景。

故事1 转变心态，潜心耕耘

1985年6月的一天，刚下课，佘勇接到了高中班主任杨大夏老师的电话："佘勇，你要去当校长了。"佘勇惊喜之余，思绪回到了初任乡村教师之时。

复员后，佘勇对自己未来要干什么一直处于迷茫状态，不知何去何从。机缘巧合之下，杨大夏老师给了他一个建议，"教育局正在招考村完小教师，我觉得你可以去试试"。佘勇抓住了这个机遇，通过考试，成为了一名乡村教师。

在正式上班之前，佘勇预想自己教小学应该是游刃有余、应对自如的。但现实给他泼了一盆冷水，学生的底子太差，师资力量严重不足。他除了上课，还得兼顾课后辅导，而且还是多年级教学。现实与理想的差距，不仅使他身心俱疲，还让他有了打退堂鼓的想法。他找到当初推荐他参加招考的杨老师，希望杨老师能为他指点迷津。面对佘勇的"满腹牢骚"，杨老师先是大笑，然后耐心地跟他讲述自己的经验，并告诉他："在未想好换什么工作之前，尽心尽力去做好当下的每一件工作，也许会有惊喜。"与杨老师沟通后，佘勇回到了与孩子们的日常互动中，逐渐地感受到成为一名乡村教育工作者的快乐与成就，也渐渐地明晰了自己身上的责任与担当。

后来，佘勇不再排斥自己身兼数职和多头教学，而是珍惜每一次的教学机会，让每一名学生听懂、受益成为了他的目标。正是因为有了努力的方向，他所任教的长峪完全小学数学学科多次在全镇考评中名列前茅，也让他收获了鲜花与掌声。

（二）革命同志是块砖，哪里需要哪里搬

褪去初任校长时的青涩，佘校长随后又在莲坪完全小学、四坡完全小学、南洋书院等乡村学校工作多年，成绩斐然。这三所学校分别坐落于江垭镇的莲坪村、四坡村以及官桥村，距离镇上分别为4公里、3.5公里、12公里。随着生活水平的不断提高，这段时期佘校长上下班骑上了摩托车。

莲坪完全小学和四坡完全小学属于早期的村完小，修建于各村的山坡上，2栋教学楼，10多名老师，100多名学生。早期村完小多因基础设施老化、信息设备落后等原因，教师的流动率和学生的流失率较高。年轻老师和外地老师留任率低，家庭条件稍好一点的学生都会选择镇上的小学，渐渐地这类村完小面临着发展萎缩甚至退化成教学点的困境。教师还能由县教育局统一招录与调配，但学生的流失给乡村校长造成了很大的压力。为此，佘校长假期常在乡间走访，想以一种轻松的方式接近学生家长，来

了解乡亲和家长们对村小教育的看法，以改进村小办学。通过走访，佘校长了解到教学质量是大家关注的焦点。佘校长在长峪完全小学任教数学时，教学成绩一直很好，到了新学校后他主动承担小学六年级的数学教学，一方面是为了巩固学生的知识基础，另一方面也是为了重塑乡亲和家长们对村完小的信心。他说："小学的内容看似简单，但至关重要，尤其是对乡村的孩子。学得懂，他们才愿意继续学下去，钻研下去。如此一来，才会有更多的乡村学子选择通过教育脱贫和致富。所以，即使我工作再忙，我都要亲自肩负整个六年级数学的授课，为他们未来的学业打下坚实的基础。"

佘校长执着的精神与负责任的态度，也让他得到了上级领导的重视，2000年左右他被调任到距离镇上12公里左右的南洋书院担任校长。南洋书院有着深厚的历史和文化底蕴，由元末明初官桥南洋寺改建而来，孙中山先生的保镖、南北大侠杜心五曾在书院学习。南昌起义后，贺龙领导的红军曾在书院设立过战斗指挥所。为弘扬传统文化，加强爱国主义教育以及保障学生的就近入学，县政府有关部门对南洋书院旧址进行重修，它成了一所新的村完小，坐落于官桥村龙盘山脉的中心，共占地4亩。进入书院，首先映入眼帘的是由国家"两弹一星"功勋陈能宽院士所书写的"官桥南洋书院"牌匾，书院内的楼栋保留了张家界角楼特色——白墙灰瓦，院内设有教学楼、礼堂、教师和学生宿舍、阅览室、食堂和幼儿园。由于有专项资金保障，南阳书院是当时镇上小学中最早每间教室都配备多媒体设备、每位教师都配备办公电脑和有专门的计算机教室的学校。佘校长在南洋书院工作了8年，不仅积极与市区示范小学（如武陵源区军地小学）组建联谊学校，借助"送课"的形式提升乡村学校教学水平，还组织了以读书节、征文比赛等为主的"书香校园"活动，希望乡村学子能开阔视野、获取知识，养成良好的读写习惯。渐渐地，南洋书院吸引了本村学生回流和外村学生借读，最高峰时学生数量达到200多名。

佘校长表示曾有多次机会可以去县城完全小学或者乡镇其他部门工作，但他都拒绝了。他热爱生他、养他的这一片土地，也不舍这片土地上成长的孩子们。他认为村小就是他最佳的选择，因为他曾是一名军人，在最艰苦的地方燃烧自我，是一名军人的责任和担当。

故事 2　师生健康管理

在南洋书院工作时期，佘校长的母亲因病过世。悲痛之余，这件事引发了他对教师健康问题的重视。

"在学校工作的我们，总是把学生的健康挂在嘴边，记在心里，却忽视了自我健康管理。其实何止是学生，教师的健康对学校也尤为重要。"佘校长说道。于是，他在深入了解学校师生的锻炼情况之后，制订了一个全校师生自我健康管理计划。关于学生，除了日常的体育课外，学生每学期要选择一项其他的体育活动，比如篮球、羽毛球、乒乓球、长跑等，根据所选择的项目组成运动小组，互相监督、锻炼身体。为了让以伏案工作为主的教师"动起来"，他鼓励住得近的教师步行上下班，同时开展教师运动会，组织爬山、远足等团建活动，以及鼓励教师自己选择擅长的项目锻炼等。在每学期期末，对学生和教师中的运动达人予以物质奖励和颁发荣誉证书。佘校长说："主张健康第一并不是培养运动精英，而是培养大家锻炼的意识，并借助物质奖励的形式帮助大家保持这一良好习惯。"

健康是革命的本钱。只有身心健康的乡村教师才能培养出一群德智体美劳全面发展的乡村学生，这样的乡村教育才能朝气蓬勃、活力无限。

（三）扎根乡村，青春无悔教育路

在临近退休之际，佘校长调任至距家最近的江垭镇中心完小任职。江垭镇中心完小始建于民国初年，起初名为"五小"，后更名为"赣籍""金临小学"，新中国成立后改名为"江垭镇中心完小"，是慈利县最大的乡镇完全小学，也是国家"两弹一星"功勋陈能宽院士的母校。学校占地总面积 20884 平方米，建筑面积 6562 平方米，有 3 栋教学楼、1 栋学生宿舍、2 栋教师公寓和大礼堂、食堂，以及烈士纪念碑。学校每一间教室都配备了多媒体，还专设了 2 间均有 55 台计算机的计算机教室。

与在村完小工作不同的是，镇中心完小的校长无需担心学校的基础设施、教师数量与学生规模等问题，但学校的管理难度却上了好几个层次。余校长在任时，江垭镇中心完小有教师107人，学生2200人左右。如何让结构欠佳的师资队伍产生更好的效应，如何让乡村孩子享受与城市孩子同等水平的优质教育，是他最近几年想得最多的事情。随着公费师范生、农村教师"特岗计划"等政策的推进，乡村教师队伍在数量上得到了一定的保障，但结构和质量上却有待优化。为提升教师队伍总体水平，余校长想尽了办法，比如积极推动"老带新"教师培养计划，鼓励新教师积极参加各类班主任大赛或说课、讲课比赛。同时，他坚持每学期听课15节以上，主要以新进教师的课程为主。"现在乡村教师的来源较为广泛，学历较高，教学和班级管理等方面的能力却是参差不齐，有的甚至不如之前的老教师扎实。如果我不紧抓教师质量，我没办法对家长、学生交代。"2000多学生的学习问题、安全问题以及心理问题，对于"身经百战"的余校长来说也如同"紧箍咒"一般。他曾递交申请，希望提前退居二线，但上级领导没有批准。为了走出困境，余校长计划从家校共育着手突破，让学校在保住规模的同时，在质量上也进一步提升。他顶着压力，带领教师们不定期进行家访，每个学期3~4次，1次是陪着学生走一趟，1~2次是陪着家长走一趟。镇完小因教学质量较好，学生来源比较广泛，所以每次家访时，余校长都会把同一条线路上所有孩子的家都走访一遍，有的孩子家比较远，等到最后一次家访结束，到家都晚上10点多了。余校长认为当校长必须要亲自面对学生和家长，既是为了更深入地了解学生的基本情况，也是为了引导更多的家长参与到孩子的教育中。"我做教育工作这些年，因为工作过的学校较多，和各街道、各村的家长和学生联系也较为紧密，每年过年杀年猪、吃杀猪饭时，都会有家长邀请我去他家吃饭，那个时候就觉得自己所有的辛苦和委屈都能一笔带过。"张家界市是少数民族聚居区，以土家族、白族、苗族为主。对于土家族的乡亲来说，邀请朋友来家中吃杀猪饭是招待贵客的最高礼节。

  余勇从一名普通教师成长为一名乡村校长，在多个学校间轮转，经历了春夏秋冬，踏平了艰难坎坷，也体验了酸甜苦辣。40年的光阴，让他在教育的天地里甘做"平凡人"，一心扎根乡村一线，用情怀与激情谱写献身乡村教育的无悔之歌。"在年少时,我手握钢枪,保卫祖国与人民。退役转教后,依然可以做到退役不褪色,换装不换心,手拿粉笔,服务祖国与人民。"

故事3 一起"回家"

在江垭镇中心完小任职期间,周五放学后的家访,是佘校长的一项常规工作。

小杰(化名)是江垭镇中心完小六年级的学生,家住在山上,离学校车程都要半个多小时。小杰的父母离异了,父亲在外打工。为方便小杰上学,小杰和奶奶在镇上租房住,只有周末有特殊情况才回山上的家。这周末,小杰和奶奶要回山上的家。佘校长得知这一情况后,就提出开车送他们,也趁机走访一下小杰家。

一路上,小杰都不说话,只是望着车窗外。奶奶倒是一直在感谢佘校长:"佘校长,你这么忙,还劳烦你开车送我们回家,这怎么好意思哦!""佘校长,你等下要到我屋里吃饭,屋里腊肉、青菜都有,你吃饭了再回去……"在与奶奶的沟通中,佘校长进一步了解到小杰家里的一些实际情况。由于给小杰爷爷治病和重建房屋,家中一贫如洗,小杰的爸爸被迫外出打工挣钱,照料小杰的重担就落在了奶奶的肩上。山上的村民主要靠种植烟草获得收入,因为陪读,奶奶只有周末才有空回山上打理烟草,补贴家用。

到家后,小杰去邻居家玩耍,佘校长趁此机会和奶奶聊起小杰的学习与成长。一说到小杰,老人家就开始抹泪,她说:"小杰自小就性格内向,父母离婚后越发自闭,成绩也越来越差。我呢,没读过书,也不知道怎么开导他,只能把他的生活照顾好,并经常告诉他要好好读书,读书才是他唯一的出路。"停顿一会儿,接着说道:"我们嘴笨,也不知道如何和老师沟通,要不是你今天送我们啊,我都不知道怎么说。佘校长,你觉得我家小杰这种情况应该怎么办呢?"佘校长默默地听完,宽慰道:"奶奶,你家的情况,我是有所了解的。因为小杰的班主任是个很细心的人,她最先洞察到了小杰的情况,找我交流过。正好今天有这个机会,我就自己过来看看、听听。父母的离异对于孩子来说肯定是一个难以接受和释怀的事情，但事情已经发生，作为家长，需要做的就是给孩子做工作和给他更好的陪伴。我们学校这边也会密切关注小杰的情况，必要的时候会开展一些心理辅导。所以，奶奶您也不必过多担心，正确的引导和爱的陪伴会慢慢地让他改变。相信时间的治愈效力，也相信孩子的自愈能力。"佘校长和祖孙俩一直交流到傍晚才结束。道别了祖孙俩，佘校长开车返回家中。

回程路上，佘校长一直在思考学校如何做好特殊结构家庭子女的教育。同时又由衷感叹道：乡村教育岂是小升初这么简单的事情，乡村学子要做到德智体美劳全面发展，乡村教育和乡村校长都任重道远啊！

三、治校经验：书写在乡村大地上的教育行动日志

（一）隐蔽校长身份，推进家校共育

随着"双减"的深入推进和《中华人民共和国家庭教育促进法》的颁布施行，"家校共育"受到前所未有的重视，这不仅仅要求学校引导家长参与学生的成长与教育，更重要的是要激活家长在孩子教育中的主人翁意识。在与家长、学生长期的沟通与交流中，佘校长早已关注到家长对于学生成长的关键性作用，但采用何种方式更好地调动家长真心实意地参与学校教育却是一件令人头疼的事情，一次偶然的钓鱼活动打开了他的思路。

故事4 "微服私访"记

在乡村，受环境影响，很多人的业余爱好是打麻将，佘校长不太一样，他喜欢去户外钓鱼。

在岩板田完全小学任职的某个暑假，佘校长如往常一样，背着钓竿，骑着摩托车，到村里垂钓。钓了一会儿，来了几位当地村民。一开始，大家都静静地等待着鱼上钩，也许是等得无聊了，几位村民开始畅聊起来，从钓鱼经验到天南地北，最后聊到了孩子教育。村民们围绕着孩子成绩不

好、村小教育质量欠佳以及自己忙于赚钱而对孩子疏于管教等问题讨论得很热烈。起初，佘校长只是默默地听着，就当解闷儿。后来，他细思，这何尝不是一种获取家长对学校教育真实看法的方式呢？于是，他便以局外人的身份和他们闲谈起来。家长们对于学生在村小上学的态度是喜忧参半：喜在离家近，方便照顾孩子起居，也不耽误其他家庭成员务农务工；可村小的教育质量欠佳和生源流失都会让自家孩子不安心学习，让家长担忧。如果迁去镇完小上学，学校教学质量更有保证，但这不仅要租房子，花销大，还耽误农活，家庭收入也会减少。家长们两头为难，心急却没有个好办法。那天，没人知道他是校长，却让他真正了解到了家长们对乡村教育的看法。

这一次的户外垂钓给了佘校长不一样的感受，让他对家校共育的方式有了进一步的思考。自此，"微服私访"成为他与家长沟通交流的一种直接有效的方式。

在乡村社会中，乡村校长作为乡村教育的负责人，也是国家、政府意识形态的传播者和践行者。由于乡村校长这一身份可能导致家长对其呼吁、鼓励的家校共育产生一种来自掌权者任务布置的抵触情绪，从而导致了部分家长在家校共育中表象化的应付。但是，当他隐蔽校长身份、和家长以平等身份讨论时，却意外了解到家长对乡村教育的真实看法和他们的期待、担忧。家校共育的方式存在多元化可能，当隐藏身份角色、褪去身份权力后，从主体平等的角度深入推进家校共育，也许会获得意外之喜。

（二）狠抓教学质量，吸引生源回流

社会结构变迁促使民众对教育的热情与"上好学"的期望空前高涨，出现了"择校热"。民众对优质教育资源集聚的城市趋之若鹜，广大乡村学校生源则不断流失，尤其是在"撤点并校"政策的助推下，我国义务教育逐渐呈现出"城挤、乡弱、村空"的状态，并已经持续多年，影响重大而深远。2012年9月，国务院办公厅下发了《关于规范农村义务教育学校布局调整的意见》，叫停了运行十年有余的农村学校撤点并校工作，农村

义务教育进入了"后撤点并校时代"。在"后撤点并校时代",主要以村小与教学点为主体构成的农村小规模学校(在校生不足100人)将在一定时期和范围内广泛存在,并在我国农村基础教育发展过程中占据重要地位[1]。然而农村小规模学校仍是整个义务教育系统最为薄弱的部分,生源状况决定着它们的"生死存亡"。

故事5 "生存与毁灭"的探讨

南洋书院是"后撤点并校时代"重建的村完小,由于国家政策和当地政府的大力支持,南洋书院的基础建设、教育资源、师资力量等都不亚于镇完小。然而,出于多方面的考虑,村里许多家长还是选择将学生送至镇完小读书。吸引生源回流,成为佘校长上任后的首要任务。他认为这其中的关键还在于教育质量。

刚上任的那个暑假,佘校长与学校的教师们开展了一次主题为"如何吸引流失学生回流"的讨论会。刚开始,老师们对这位新来的校长还心存戒备,或是泛泛而谈,或是沉默不语。为了化解尴尬,佘校长心平气和地讲述了自己的职业故事。也许是感同身受,抑或是有所触动,教师们敞开心扉,热聊起来。

有的老师说:"现在生活水平提高了,家长完全可以给学生提供更好的教育机会,无论我们做得多好,也很难将其吸引回来。与其想着流失的学生,还不如做好当下工作,过一天是一天。"也有老师说:"现在村里基本上都是空巢老人,他们对于孩子都是听之任之,如果把学生都召回村里读书,辛苦的岂不是我们?"当然,也有部分老师认为,生源是学校生存与发展的关键。基础条件、教育资源这么好的村完小,如果不能为邻近的适龄儿童服务,不能为乡村社会和乡村教育的发展服务,就是一种资源浪费……

当热烈的讨论逐渐转为窃窃私语时,佘校长说道:"首先,我很感激各位老师顶着酷暑来校与我这个初来乍到之人共同探讨学校发展之事。我

---

[1] 秦玉友. 农村小规模学校发展的基本判断与治理思路 [J]. 教育研究, 2018, 39 (12): 81–86.

常年在村完小工作，对老师们的困难、学校发展的困难，多少有一定的了解。困难是客观存在的，由不得我们愿意或者不愿意。既然我们选择成为一名乡村教师，就要学会去欣赏它的美好，接受它的不足。保持平稳的心态，大家一起克服、解决工作中的困难。其次，关于今天的主题，想必大家都知道生源问题是村完小生存与发展的关键所在，尤其对于我们撤并后重建的学校而言。如果我们听之任之，既浪费了这么好的教育资源，对学生而言也是一种教育不公平。所以，我一直在思考如何吸引学生回流。在我长期的工作经验中，教育质量是家长们最在意的一个因素，也是我们教育工作者可以努力的一个方向。我在这里提几个想法：第一，严选五、六年级的主科教师。在乡村，与中考、高考相比，小升初并不太受重视，因为结果既不影响升学，也不影响分班。但作为老师的我们，要学会跳出小学看小学，要认识到小学教育作为义务教育的起步阶段，是影响学生成长与发展的重要基石。这个小孩子是不是'读书的料'，有的从小学阶段就可以窥见一二了。所以，选好五、六年级的主科老师，是把控学生学习效果的重要抓手。我作为数学专业出身，有着多年的数学教学经验，所带学校小升初数学成绩在全镇也曾名列前茅。因此，在南洋书院任职期间，我愿意承担六年级的数学教学。第二，组织阅读节、图书节等活动。'书到用时方恨少'想必是很多老师在写材料、准备课件时常会自叹的一句话，这不仅是一种自嘲，更是反映了我们语文教育的应试化。乡村学子智力上比城市学子差很多吗？我想，未必！但思维与见识的差距却是十分明显。如何缩短这一差距呢？办法就是通过举办一些阅读节、读书节等活动或设置班级读书角等形式，来不断拓宽学生的思维与见识，逐渐培养学生爱阅读、爱思考的能力。第三，组织校际教育帮扶活动。师资队伍建设是教育质量的重要抓手。为了提升学校教师的教学能力，我已与我市2所示范校达成了协议，通过他们来我校'送课'和我校教师去短期听课的形式，来助推各位老师的专业成长。乡村教育是一场苦修行，我知道各位老师背后都有各种原因促使你们选择投身于乡村教育，无论原因为何，既然我们选择接受这场修行，就要有直面困难与挑战的勇气，也要学会捕捉历经万难之后的喜悦。我是佘勇，是佘老师，我不是大家的领导，是一个与大家一起坚守乡村教育的家人。"

话音一落,掌声不断。在这场"生存与毁灭"的讨论中,佘校长既体谅教师们的辛苦,也深知自身的重任,还提出了切实可行的方案。在佘校长与各位教师的努力之下,重建后的南洋书院成功吸引生源回流,最高峰时在校生达到200多名。

尽管有政策、经费、人员等方面的支持,但重建的村完小依然很难被乡村家长们认可。乡村学校的发展依赖于乡村社会提供生源,熟悉乡村社会中家长们的择校逻辑是乡村教育发展的前提。[①]"父母之爱子,则为之计深远",乡村家长最希望的是自己的孩子也可以享受与城里孩子一样优质的教育。在提高教学质量上下重手,从根本上解决家长们的后顾之忧,是乡村教育者努力的方向,也是缓解"城镇挤""乡村弱"的可行路径。

(三)启动校村合作,开展劳动教育

2019年,中共中央、国务院印发《关于深化教育教学改革全面提高义务教育质量的意见》,明确将劳动教育纳入育人体系。2020年,中共中央、国务院颁布《关于全面加强新时代大中小学劳动教育的意见》,进一步指出"劳动教育是中国特色社会主义教育制度的重要内容,直接决定社会主义建设者和接班人的劳动精神面貌、劳动价值取向和劳动技能水平"。自古以来,勤劳、创造一直是中华民族精神的代名词。但近年来,劳动教育在学校中被弱化,在家庭中被软化,在社会中被淡化,中小学生劳动机会减少、劳动意识缺乏,出现了一些学生轻视劳动、不会劳动、不珍惜劳动成果的现象。这种现象广泛存在于城乡学生群体之中,"五谷不分"的乡村学子比比皆是。随着城市化进程的不断推进,乡村教育的发展也呈现"离农""离乡""城市化"的特征。农村出生的佘校长深知,乡村教育悬浮于乡村的状况不利于乡村教育的发展。在他职业生涯的最后阶段,他积

---

① 张颀,汪冰冰. 双重困境与脆弱的振兴:农村小规模学校发展的个案研究[J]. 基础教育, 2021, 18 (1): 40-50.

极推进江垭镇中心完小的劳动教育改革，并与学校附近的几个村委达成了"校村合作"育人项目。

故事6　我劳动，我光荣

佘勇小时候就经常随着父母下地干活。农忙时节，他常和大人一起锄草、割麦，放牛、喂羊；闲暇之余，他常和小伙伴去山上采摘桃子、李子、橘子、柚子等水果。这些乡间劳动不仅提升了他的身体素质，也让他养成了吃苦耐劳的品质，这些品行习惯也延伸到他后来的学习、工作中。

江垭镇中心完小素有劳动教育的传统，这一传统与佘校长的教育理念不谋而合。在全国掀起劳动教育热潮之际，他也开始思考如何在传统的基础上推陈出新，探索具有当地特色的乡村学校劳动教育课程。经过一番思考与讨论，最终决定将学校的劳动教育课程分为两个内容：1～3年级的学生在校内负责食堂的择菜、洗菜等任务，4～6年级的学生在各村委的基地熟悉瓜果蔬菜的种植知识与技能。

校内劳动教育课集中在第四节课开展，班主任负责班级的组织与管理，课程内容由食堂的工作人员来进行讲授，孩子们在班主任和食堂工作人员的指导下，有序地对学校每天中午的食材进行择选、清洗等工作。每天中午的食堂里，总会听到"今天的菜是我亲自择选、清洗的，肯定特别干净，我今天中午要多吃饭"等诸如此类的自豪表达。

校外劳动教育课开展时间不固定，一般随着作物的生成阶段做动态调整。班主任负责班级的组织与管理，合作村的精准扶贫项目中的土地与作物可供孩子们用，农民伯伯们就是他们的老师。"先培土、放种（插苗），再轻轻压实……""锄草需要使用工具，用手很难拔除草的根部……"等表述在田野间此起彼伏，农民伯伯们教得仔细，孩子们也学得认真。

佘校长之所以这么安排，是希望劳动教育和学科教学一样遵循循序渐进的原则。1～3年级从如何辨别食材，以及择选、清洗等简单的家务事开始，主要培育孩子们对劳动的兴趣；4～6年级主要学习如何种植与培育日常所见所食的瓜果蔬菜，集中培养孩子们简单的农作物种植技能。每一步都不能少，每一步都必须落实到位。

开展了一段时间后，孩子们对劳动的热爱程度有目共睹，常有家长在班级群对孩子的改变表示欣喜。孩子们对"我劳动，我光荣"的理解也不再仅仅停留在喊口号上，而是通过日常事务或学校的劳动教育课中的实际行动来表达。

劳动是人类的本质活动，是推动人类社会进步的根本力量。马克思指出："任何一个民族，如果停止劳动，不用说一年，就是几个星期，也要灭亡。"党的十八大以来，习近平总书记多次强调劳动的重要性，指出"要德智体美劳全面发展，不能忽视'劳'的作用，要从小培养劳动意识、环保意识、节约意识，勿以善小而不为，从一点一滴做起，努力成长为党和人民需要的有用之才。"然而，伴随着生活水平的大幅提高，越来越多的人的成长远离了劳动，以至于工作后失去了劳动热情，也丧失了劳动精神。佘校长在访谈中谈及："现在乡村孩子的成长环境与过去相比有了很大的不同。在物质条件得到一定程度满足的情况下，乡村家长也是'望子成龙，望女成凤'，他们一心想着让孩子考上大学，未来走出农村，远离'面朝黄土背朝天'的生活。所以，乡村孩子衣来伸手、饭来张口已是常态。为了给孩子们腾出更多的时间学习，家务活一般都不让他们沾边。但作为老师，我们希望学生们成才又成人，既能凭借自己的能力立足，又能拥有完整的人格与三观。"苏霍姆林斯基曾说，儿童的智慧出在他的手指头上。社会主义教育的重要特征就是教育与生产劳动相结合。劳动教育是连通学校与现代社会生活的桥梁，是人的全面发展的起点、过程及归宿，在人的全面发展中不可或缺、不可替代。在具备先天优势的情况下，乡村学校的劳动教育不能局限于课堂教学之中，要善于借助各类资源的力量，既要让学生通过日常生活事务形成热爱劳动的意识，又要让学生通过触摸真实土地获得劳动知识和技能，在劳动实践中感受乡土文化、涵养乡土精神。

（四）着眼教育全局，培育乡村教师

乡村教育一直是教育事业中的短板，乡村教师是影响乡村教育事业发

展的重要因素。长期以来,国家支持乡村教师队伍建设的政策可分为两类:以吸引优质师资为主的政策和以优化教育资源为主的政策。① 在上述政策的支持下,再加上镇完小地理位置便利,办学基础较好,江垭镇中心完小基本不会因缺老师而发愁,但佘校长之前工作过的村完小都存在这样的困难,他懂得这其中的难处。因此他在镇中心完小工作期间,跳出所在学校本身来看乡村教师的补充与培养,为学校在编与编外教师的发展创造条件、给予方便。他这样的视野和格局,为乡村教育撒下了"星星之火"。

故事7 为她"点灯"

自 2011 年起,我国计划生育政策从"双独二孩"到"单独二孩""全面二孩",再到"三孩政策",逐步放开,部分地区适龄儿童人数也有所提升。在临近退休的那几年,佘校长调任至江垭镇中完小任职,镇完小的生源和教师都相对充足,不是学校发展的大问题。有时,甚至因适龄入学儿童较多,突破了学校的计划招生数,扩班、招聘编外老师成为常态。此时,正在准备特岗教师招聘考试的谭苗(化名),进入了镇中心完全小学担任英语编外老师。

一次日常的校内巡视,佘校长碰到了正在花坛边背诵知识点的谭老师。起初,谭老师看到佘校长走过去,略显惊慌,急忙合上招聘考试的内容,礼貌地打招呼。佘校长看到谭老师犹如惊弓之鸟般的神情与举动,便亲切地打趣道:"小谭老师这是初上讲台太紧张,在提前彩排呢?"谭老师未答,只是笑笑。随后,佘校长和谭老师就关于上课、学生等内容闲聊了一会儿。看着谭老师逐渐放松的状态,佘校长进一步问道:"小谭老师对未来有什么规划吗?"谭老师先是愣了一会儿,再轻声答道:"我计划考个教师编制,但慈利县城的编制太难考了,可能先考特岗教师吧,这个容易些。""那现在有在备考吗?如果有计划,还是要早做准备,现在找个稳定的工作不容易。"佘校长说道。谭老师看佘校长亲切又和善,便和盘托出:

---

① 石连海,田晓苗. 我国乡村教师队伍建设政策的发展与创新[J]. 教育研究,2018,39(9):149-153.

"佘校，其实我刚才就是在背诵特岗考试的知识点，一般上午没课的时候，我就会抽一两个小时反复背诵、记忆。我刚才怕您知道我在做与工作无关的事情会生气，所以不好意思说。"佘校长笑了笑，轻声细语地说："我怎么可能会生气呢？我第一份工作就是代课老师，我知道代课老师的处境有多尴尬。再者说，你现在还这么年轻，考个稳定的编制肯定更好。只要不耽误正常的教学任务，我是全力支持你备考的。如果有什么需要我帮忙的，你可以随时跟我说。然后，咱们学校也有很多特岗老师，你可以去问问他们的备考经验，早日上岸。"谭老师一听完，脸上表情立马轻松起来。巡查结束后，佘校长前往了谭老师所在的年级组办公室，和年级组组长、学科负责人进行了一番沟通，要求他们除了正常的教学任务外，减少对谭老师的其他工作安排，尽量为她腾出时间备考。同时，佘校长还为谭老师找了一个辅导老师——一位刚上岸的特岗教师，为她提供备考经验，助她早日上岸。

在众人的支持与帮助下，谭老师顺利考上了石门县的特岗教师。后来，谭老师一家还特意来到学校感谢佘校长的帮助。佘校长不仅是为谭老师的未来点灯，也是为乡村教育培育了一颗颗火种，播种了希望。

百年大计，教育为本。教育大计，教师为本。教师是立教之本、兴教之源，承担着让每个孩子健康成长、办好人民满意教育的重任。佘校长说："我知道，我平时给一些编外老师复习备考的时间，学校里存在很多争议。但作为一名乡村教育工作者，不应该只局限于自己的一亩三分地，而是要把眼光放长远些。我所在的学校虽然不缺老师，但很多乡村学校的教师是极度匮乏的。所以，只要这些年轻人的目标是乡村教育，甚至是教育，我都会大力支持，因为我看到了教育事业，尤其是乡村教育事业的希望。只有一批又一批年轻的人愿意扎根乡村教育，乡村学子和乡村振兴才有希望。""一个人遇到好老师是人生的幸运，一个学校拥有好老师是学校的光荣，一个民族源源不断涌现出一批又一批好老师则是民族的希望"，佘校长用实际行动为乡村教育培育优秀的师资，为乡村振兴贡献着自己的力量。

四、乡教负荷：戴着枷锁跳舞的乡村教育守护人

1985 年中共中央颁布的《关于教育体制改革的决定》首次提出，我国学校管理"逐步实施校长负责制"。1993 年中共中央、国务院印发的《中国教育改革和发展纲要》明确要求"中等及中等以下各类学校实行校长负责制"。2013 年，教育部印发的《义务教育学校校长专业标准》进一步明确，"校长作为学校改革发展的带头人，担负着引领学校和教师发展，促进学生全面发展与个性发展的重任"。当乡村校长成为乡村教育的第一负责人时，其负荷也逐步递增。

（一）发展冲突：向城惯性与乡土回归

乡村教育，作为我国教育事业的重要组成部分，不仅是为了保障数千万乡村学生的基本人权和发展权利，更是实现全体人民共同富裕、推进乡村振兴的有效途径。在中国乡村发展的整体进程中，乡村教育发展处于向城惯性与乡土回归的矛盾冲突中，这一冲突常使乡村校长陷于渴望特色发展但又无可奈何的状态。

"发展什么样的乡村教育"是余勇成为校长后经常思考的一个问题。"我上小学那会儿，虽然学风不浓，也不用考试，但学校还是颇具乡土特色的。上个世纪 70 年代，'教育与农业生产相结合'的口号随处可见，学校劳动课较多，且与农业生产密切结合。当时，劳动教育不像现在开设得较为刻意，校内就有土地，方便学生参与到'农作物的一生'的学习中。在家帮忙下地干农活也是常事，师生基本不存在'四体不勤''五谷不分'的现象。反观现在的乡村学校，说是乡村教育，却处处在模仿着城市教育的发展路径，失去了原有的属性。所以，我经常在想乡村教育应该是什么样的。"

2001 年 5 月国务院颁布的《关于基础教育改革与发展的决定》对农村学校布局调整的建议让余校长对乡村教育的发展方向有了更深入的思考。

该政策出台后,各省市开始了撤点并校的工作,许多村完小被拆除,学生开始大面积往镇完小、县城完小涌入,乡村教育逐渐衰落。当人们意识到并开始思考如何挽救衰落的乡村教育时,他们以城市教育为参照物,尝试通过外部支撑的方式将乡村学校改造成城市学校的样子。这一切的改变逐渐让"乡村学校一直高居于乡村之上,它早在精神上、心理上切断了与乡村的连带。而学校物理空间的外移,不过是这一飞鸟的具形化,它不仅是空间意义上的,也是心理情感与文化认同上的'孤岛'"①。而对于"孤岛"的感受,也是许多年轻教育工作者难以体会的,他们早已习惯了如城市学校一般的校园、课程内容、教学方式、考试形式,对乡村教育需要回归到以乡村文化与乡土意蕴为依托并不认可。"在一次全校教师大会上,我曾主张组建一队老师,结合本地的历史沿革、民族文化、风土人情等开发校本课程,并通过自习课、周末以及假期来学习。但这一想法未得到老师们的支持,有些老师觉得开展校本课程学习无疑会给师生带来负担,有些老师认为他们的工作就是培养出更多优秀的学生去大城市立足,而且中考和高考又不考这些乡土内容……后来,反对声太大,这项工作就不了了之。慢慢地我偶尔也会对向城惯性的发展路径进行妥协。"

早在20世纪二三十年代,陶行知先生便对乡村教育的城市化提出过批评。他说:"中国乡村教育走错了路:他教人离开乡下往城市里跑,他教人吃饭不种稻,穿衣不种棉,做房子不造林;他教人羡慕奢华,看不起务农。"② 可以说,正是乡村学校发展中遭遇的巨大向城惯性不断考验着乡村校长的领导智慧③,同时也可能逐渐消解乡村校长的改革热情。费孝通在《乡土中国》一书中开篇便提到"从基层上看去,中国社会是乡土性的"④。可如今,不仅我们的城市教育失去了这一特性,甚至以乡村为教育的物理空间和乡村学子发展的精神场域的乡村教育,也在政策、思维观念

---

① 刘云衫. "悬浮的孤岛"及其突围——再认识中国乡村教育 [J]. 苏州大学学报(教育科学版),2014,2(1):14-19.
② 陶行知. 陶行知教育文集 [M]. 成都:四川教育出版社,2007:157.
③ 杨清溪,邬志辉. 校长领导力:乡村教育发展的新动能 [J]. 教育发展研究,2018,38(24):41-47.
④ 费孝通. 乡土中国 [M]. 北京:北京大学出版社,2012:99-101.

等制度文化中逐渐摆脱"乡土性"。作为老一辈的教育工作者,佘校长对这一状况既感到忧心,却又无可奈何。他认为,关注乡村教育发展并不只是单纯的资源输入和帮扶,它更需要我们直面乡村教育的现实,去做深层次的探究。难道乡村社会里就没有值得去传承的精神价值,没有值得去挖掘的教育资源?答案当然是否定的。但当乡村教育问题被缩减为硬件设施的改造与读书机会的保障时,更应该引发我们对乡村教育发展模式的深思。

(二)角色迷惑:"我是谁"与"我为谁"

角色是社会与个体之间的联结点。[①] 当我们问到佘校长如何看待乡村校长这一角色时,他犹豫片刻,又苦笑一番,道出"一言难尽"四个字。我们无法体会这一言难尽背后的负荷与挣扎,但能从他的面部表情和语气中感受到其中的无奈。随着城镇化的发展,乡村普遍面临村庄"空心化"、人口老龄化、留守儿童普遍化等社会问题。与此同时,新时代赋予学校教育在学生成长和乡村建设中的使命在不断拓展。这些现实使乡村校长长期处于严重的角色冲突之中,经常为"我是谁"与"我为谁"而困惑。

首先,上下级之间的"工头"很为难。在我国现行的"条块管理模式"之下,乡村学校在教育业务与管理事务上既受到垂直管理,也受到平行管理。这种管理模式使得乡村学校常收到来自各方领导部门的指令或任务,由于自身行政权力、发展资源等受限,毫无议价能力的乡村学校惯于通过对上级命令彻底执行来争取发展。乡村校长作为乡村学校的第一负责人,是各方领导与一线教师之间的联络员,在传达指令或布置任务时,常常左右为难。"工头"是佘校长对乡村校长的第一个角色认知。在访谈中,他说道:"外人都觉得小学校长很风光,只有当了的人才知道有多憋屈。退休前,我几乎很难拥有节假日,不是在加班,就是在加班的路上。这些加班的事情中,最多的就是参与各级领导部门组织的各类事务性活动,比

[①] 陆超,刘莉莉. 挣扎与坚守:多重角色下乡村校长角色冲突的表征及动因——基于25位乡村校长的访谈研究[J]. 教育发展研究,2021,41(18):77-84.

如普法活动、健康卫生宣传等。但最苦恼的不是我一个人加班，而是需要学校的老师们一起进行。我也知道，每次有类似的活动，老师们就会吐槽、抱怨。但我也是没有办法，为了学校发展，我只能以参与各级领导部门的活动换取更多的支持。有时候，我觉得事情不多，就和一些校领导一起做了。这校长当的就像'工头'，上下为难。"

其次，政府眼中的"第一责任人"担子重。从1995年《中小学安全须知》到2002年《学生伤害事故处理办法》，再到2017年《中华人民共和国校园安全法》，校园安全逐渐成为学校教育的第二大任务。"校长负责制"的背景下，如果学校出现安全问题，校长是第一个被追责的人。同时，这一行政要求在乡村这一"熟人社会"中进一步得到强化，一旦出现任何安全事故，乡村校长不仅面临着来自各级领导的追责，还会在乡村社会中被议论、吐槽，甚至"社死"。正如费孝通所言："熟人社会其实就是一张微观权力关系网维系着熟人社会的秩序生产。但凡行为有所失误，违反了村民们已经形成共识的规则，人情关系网都会对其进行惩罚，最常见的就是村庄舆论。"[①]"到了江垭镇中心完小后，我每天犹如戴了紧箍咒的孙猴子——处于高度紧张状态。因为镇完小位于乡镇主街道，也由于校内操场坑坑洼洼、台阶较多，2000多名学生的上下学和校内活动中的安全问题等都是每天要操心的事情，甚至比日常教学管理还花心思！"佘校长无奈道。"第一负责人"的角色要求与角色期望犹如一座大山，重重地压在乡村校长单薄的肩膀上，使得校长在日常教学与安全工作中力不从心。

再次，"家庭隐形人"的愧疚。如何平衡工作和家庭不仅是职场女性的难题，也是独生子女的苦恼。佘校长是独生子，在他出生的那个年代，这是少见的，所以选择扎根乡村的一部分原因也在于他想要照顾双亲。如果说工作中的角色冲突尚处于可以自我消化的状态，那么工作与家庭之间产生的角色冲突却难以避免。佘校长说："我母亲因内风湿性关节炎卧床

---

① 陆超，刘莉莉. 挣扎与坚守：多重角色下乡村校长角色冲突的表征及动因——基于25位乡村校长的访谈研究［J］. 教育发展研究，2021，41（18）：77-84.

28年，因我常年在村小工作，家中常是年迈的父亲和同为教师的妻子代为照顾。即使在我母亲因病反复住院期间，我都未请假一天在榻前照顾，经常是白天上班，晚上陪护。在南洋书院工作期间，我母亲的生命走到了尽头，可就是在她弥留之际，我都是站完最后一班岗后才匆匆赶回家中，守候着母亲的最后时刻。在工作的40年里，我对于工作，对于学生，对于学校，问心无愧，但对于母亲的愧疚与遗憾是我永远无法弥补的。"面向职业，他是校长，有祖国的希望等着他去培育；面向家庭，他是独子，有年迈的父母等着他去尽孝。工作责任和家庭责任之间的矛盾冲突，使得像佘校长这样出生于独生子女家庭的乡村校长常常难以去面对内心最柔软的那个角落。

承受着"工头""第一责任人"与"家庭隐形人"等多重角色所带来的压力，又怀抱着对乡村教育的热爱与不舍，乡村校长们往往是怀抱着理想，又不断挣扎。

（三）管理困难：数量充足与乡土情怀

乡村教师是乡村教育事业发展的关键力量。国家于2003年、2005年、2006年颁布了《关于深化中小学人事制度改革的实施意见》《事业单位公开招聘人员暂行规定》《农村义务教育阶段学校教师特设岗位计划实施方案》，并于2004年推出了"农村学校教育硕士师资培育计划"（简称"硕师计划"），于2007年在部属师范大学实行师范生免费教育（2018年，国家免费师范生正式更名为公费师范生），于2021年实施中西部欠发达地区优秀教师定向培养计划（简称"优师计划"），初步形成了"公开招考＋专项计划"相结合的乡村教师补充体系。这一补充体系有效缓解了乡村教育师资紧缺状况，但如何建设一支高质量的乡村教师队伍仍是当前重要且紧迫的议题。

何为高质量的乡村教师队伍？高质量乡村教师队伍是一支数量充足、结构合理、素质优良、热爱乡村，能够"下得去、留得住、教得好、有发展"的教师队伍。数量充足与结构合理是高质量的外显特征，素质优良与热爱乡村是高质量的内在要求；"下得去"与"留得住"是高质量的前提条件,"教得好"与"有发展"是高质量的核心内涵。① 在乡村教师补充体系不断健全和高等教育扩招的共同背景下,"下得去"与"留得住"已经有较大改善。研究发现,2009—2014 年间,湖南省四批次特岗教师的留任率保持在 86% 左右。② 但如何打造一支"教得好"与"有发展"的师资队伍,仍是一个大难题,毕竟数量与结构的不足可以通过政策工具来协调,但热爱乡土的内在要求更加高阶。

首先,多元扩招导致师资质量参差不齐。在国家政策的大力支持下,乡村学校通过各种补充渠道获得了一定数量的教师,但不同身份类型教师的学历水平和教育背景存在较大差异,③ 进而导致新进教师之间的专业胜任力差距较大。有研究发现,非师范初任教师的专业性堪忧,主要表现在专业理性缺失、专业知识欠缺、专业能力不足;④ 在以学生的学业成绩为主的绩效考核导向的影响下,特岗教师在提升学生的非认知能力上作用甚微。⑤ 在佘校长曾任职的各乡村完小中均有这样的情况,他说:"我任教过的学校基本上不缺老师,但教师质量堪忧。教师公开招聘时还会限制一下师范生出身,但特岗教师的来源就更为多元,质量也良莠不齐。现在还有一个头疼的事情:初中起点的公费师范生,虽然业务能力扎实,但普遍年纪在 20 岁左右,身心尚处于不成熟的阶段,个人情绪易波动,承受能力也较差,我平时跟他们说话都还要小心一点。总之就是,现在是对外不好处,对内不好带。"

其次,"躺平"现象不利于师资队伍的发展。为了着重解决乡村教师队伍建设问题,国家相关政策强化了其待遇、职称、编制等方面的问题,在一定程度上造成了乡村教师对外在职业追求的过度关注,而忽略了提升

---

① 周晔. 建设高质量的乡村教师队伍 [J]. 教育发展研究,2021,41 (18):3.
② 陈波涌,刘青. 农村特岗教师专业发展转型研究——基于湖南省调研情况的分析 [J]. 当代教育论坛,2017 (2):66-76.
③ 刘善槐,王爽,武芳. 我国农村小规模学校教师队伍建设研究 [J]. 教育研究,2017,38 (9):106-115.
④ 周晔,赵宁. 农村小学非师范初任教师的专业性问题、成因与对策 [J]. 教师教育研究,2020,32 (4):104-110.
⑤ 孙冉,杜屏,杨靖. 特岗教师会促进农村学生发展吗——基于新人力资本理论的视角 [J]. 湖南师范大学教育科学学报,2022,21 (1):105-115.

职业水平的内在要求，从而形成了乡村教师对职业内在属性和外在追求的认识矛盾。① 教师职业自诞生起，就与培养社会所需要的人有关，也与建立一个美好社会的公众期待有关。② 正如日本学者佐藤学强调："教职同医疗、福利职业一样，是在公共服务领域里成立的职业，是以'公共使命'为核心的职业，可以说，直接关乎社会、文化、人类之未来的教师乃是'公共使命'尤为重大的职业。"③ 乡村教师是存在于乡村社会的职业，其公共使命在于乡村学子教育、乡村文化振兴、乡村社会建设等内容。但师资队伍数量结构较为稳定的江垭镇中心完小，"躺平化"现象居然也出现在了年轻教师之中，这一点让余校长时常犯难："教师的教学技能可以培养，但对乡村教育的共情与理解难以借助外力形成。我时常怀念当初那个条件、师资都相对匮乏的年代，虽然苦是苦了点，但好在老师们都只是埋怨物质苦，对乡村教育还是充满了热情。但现在，年轻老师一进入编制，就犹如完成了一件重大任务似的，除了像个工具人完成早已设定的工作任务外，对'三教'改革等复杂的工作和自我提升都不太感兴趣，更别提肩负乡村振兴的公共使命了。"一切教育改革都是凭借愿景加以推进的。④ 在数量与结构逐步优化的新时期，量化标准将不再是制约乡村教师队伍建设的主要因素，师资队伍建设的主要矛盾发生了转变，因而建设机制也需要调整，即引导年轻教师从"躺平化"的现状走出来，培育乡村教师对乡村教育、乡村社会的热爱与愿景，才是当下师资队伍建设的关键所在。

---

① 王鉴，苏杭. 略论乡村教师队伍建设中的"标本兼治"政策 [J]. 教师教育研究，2017，29（1）：29-34.
② 王枬，王兴洲. 直面新时代：唤醒乡村教师的公共使命 [J]. 中小学管理，2022（9）：15-18.
③ 佐藤学. 课程与教师 [M]. 钟启泉，译. 北京：教育科学出版社，2003：268.
④ 佐藤学. 教师的挑战：宁静的课堂革命 [M]. 钟启泉，陈静静，译. 上海：华东师范大学出版社，2012：7.

五、我的思考：乡村教育诗意栖居的内律法则

诗意栖居是人类追求的一种生活方式和生存状态。① 19 世纪，德国浪漫派诗人荷尔德林在《人，诗意地栖居》中揭示科学技术的运用导致个性泯灭，呼唤人们回归人类本真的生活。随后，海德格尔以"诗意地栖居"的"反现代性"思路，呼吁克服现代技术的危险并回归人类本真存在。从在诗意栖居中回归本真的逻辑来看，乡村教育诗意栖居的内律法则在于回归乡村教育的本真，要立足乡村教育情境，解决乡村教育问题。

（一）告别城乡二分范式，秉持城乡融合视域

一个几乎无可争议的共识是，城市和乡村之间存在根本差异，具体表现在职业类型、物理环境、社区特征、人口特征等方面。② 这种共识将社会划分为城市和乡村两大类，并在"工业化—城市化"的改革浪潮中隐含着城市优于乡村的假设。在这一假设下，乡村教育在日渐泛起的工业标准发展思维、城市偏向价值观的冲击下逐渐失去底色。③"农二代"与乡村的关系更加疏离，在经济上表现出期望更好地融入城市，在社会特征上离村不回村的倾向不断加强。④ 正如佘校长所言，当前乡村学校的建设与发展处处以城市教育为参照物，不仅使乡村教育失去了原有的属性，也使乡村教师与乡村学子的向城惯性越发强烈。党的十八大以来，城乡关系由城乡二元进入城乡融合阶段。乡村校长作为乡村教育的第一负责人和主要影响者，如何打破城乡二元范式下固有思维和路径依赖，在城乡关系融合发展

---

① 殷世东. 让课堂成为诗意栖居地 [J]. 教育研究，2016，37（3）：119 - 125.
② 刘守英，龙婷玉. 城乡融合理论：阶段、特征与启示 [J]. 经济学动态，2022（3）：21 - 34.
③ 邱德峰，王远征，于泽元. 在地化教育视角下我国乡村教育的发展困境及突围 [J]. 教育科学论坛，2022（3）：70 - 76.
④ 刘守英，王一鸽. 从乡土中国到城乡中国——中国转型的乡村变迁视角 [J]. 管理世界，2018，34（10）：128 - 146，232.

的新视域下推进乡村教育发展,需要从以下方面着力。

首先,树立城乡融合发展思维。理念是行动的先导。在城乡二元范式下,以城市化为目标的城市主义认为,城镇优于乡村,城市化是人类向文明进化的里程碑;乡村主义反对城市化进程,认为乡村社会的一系列社会问题均源于城市化。这一价值取向在乡村教育发展中呈现为"离农"和"为农","离农"为个人发展,"为农"为社会发展,乡村教育常陷入两难悖论。① 城乡融合发展思维主张城乡之间只是空间和功能的不同,但地位与权利是相同的。乡村校长在推进乡村教育发展时,不要陷于"离农"和"为农"这种非此即彼的思维困境当中,而是要在城乡融合发展的视域下思考乡村教育如何着眼于促进城乡融合发展。

其次,推进乡村教育体系完善。习近平总书记指出"乡村振兴,人才是关键"。以人为本是城乡融合发展思维下乡村教育发展的落脚点。优化乡村教育,应该依据乡村劳动力的需求与走向。在全面建设社会主义现代化国家的发展要求下,乡村劳动力的走向集中在城镇从事非农产业,或在乡村从事农业产业。为此,乡村教育的定位应涉及为升学、城市就业以及成为新型农民所服务。② 可见,乡村教育的发展要跳出仅关注乡村中小学人才培养的固化思维,乡村校长作为乡村教育的关键、乡村学校的灵魂,要对乡村教育走向做出正确的理解与定位。在走访中我们发现,乡村校长作为乡贤等社会角色,在乡村社区的影响力与作用力不容小觑。从一个普通乡村人的生命历程来看,乡村校长的作用可能体现在他出生时期的取名、成长阶段的求学、社会生活的走向以及与之相关的各类民俗活动之中。所以,以人为本的乡村教育体系的完善,可能需要乡村校长与乡村社区内外的各类教育资源供给方共同推进乡村教育体系的完善,进而为乡村民众提供让人民满意的乡村教育。

---

① 邬志辉,杨卫安."离农"抑或"为农"——农村教育价值选择的悖论及消解[J]. 教育发展研究,2008(Z1):52-57.

② 邬志辉,杨卫安."离农"抑或"为农"——农村教育价值选择的悖论及消解[J]. 教育发展研究,2008(Z1):52-57.

（二）基于在地化视角，探索乡村教育发展路向

2018年，习近平总书记在全国教育大会上指出，"坚持扎根中国大地办教育"。这意味着教育必须立足本国国情，解决中国问题，对于乡村教育而言，还有另一层要求，即建设根植乡土与乡情的乡村教育。教育的发展是建立在一个国家自身的历史土壤之上的。实际上，人的发展也离不开具体的生存场域。正如杜威所言，"学校科目联系的真正中心不是科学，不是文学，不是历史，不是地理，而是儿童本身的社会活动"。[①] 因此，乡村教育发展路径无法逾越乡村这一特定场域。破解乡村教育的困境，应立足于乡村场域自身，践行在地化的发展路向。

首先，秉持发展路径在地化理念，为乡村教育重塑归真之魂。在访谈中，余校长多次表达了对乡村教育"城市化"走向的担忧，"这不符合乡村的情况，也解决不了乡村的问题"。乡村教育的起点是"教育"本身，是发生在乡村场域的教育实践活动。[②] 而当前乡村教育的"城市化"取向，破坏了乡村学子成长的生活场域和精神家园。在与余校长的交流中，我们发现，在"撤点并校"的影响下，余校长曾工作的岩板田完全小学已演变成岩板田片校，莲坪完全小学与四坡完全小学因生源问题已被撤销，乡村学子流向撤并后的"标准化"的城镇小学，其自我认同感逐渐丧失，对于自小生长的乡村地区的发展不以为意。与此同时，在"向城惯性"的驱使下，区域文化、民俗文化在乡村教育中越来越难觅踪影，即使余校长曾试图通过校本教材的研发与学习，来缩短乡村教师、乡村学子与乡村社区日渐疏远的距离，但乡村教师对校本教材的研发"不以为然"。在地化教育立足于育人价值本身，关注生存场域之于教育的重要意义，是一种深刻根植于本地历史、文化、生态、经济、人口等的教育革新，强调真实的教育

[①] 约翰·杜威. 学校与社会·明日之学校 [M]. 赵祥麟，任钟印，吴志宏，译. 北京：人民教育出版社，2005：9.
[②] 刘铁芳. 乡土的逃离与回归 [M]. 福州：福建教育出版社，2008：41.

情境。[1]

其次,推进教育资源在地化改造,为乡村学子提供适合的教育内容。当前,乡村学子逐渐被电子化的"声音"所降服,失去了"倾听自然之声"的意愿与能力,他们这种"长在森林里却不见森林"的生存样态令人担忧。[2] 对各类教育资源进行在地化改革,使其更接地气、更贴合乡村学子的认识基础,进而"让每一个孩子都对自己有信心、对未来有希望"。余校长在职业生涯的最后阶段,积极推进江垭镇中心完小的劳动教育改革。不仅延续了江垭镇中心完小已有的劳动教育的传统,如参与食堂的择菜、洗菜等任务,更是基于学生的年龄与知识储备,对学校的劳动教育课程依据循序渐进、内外结合的原则进行设计与开展。这些尝试与努力既培养了学生的动手能力,也展现了乡村的文化特色。正是在这种有着某种天人合一旨趣的文化生态之中,乡村表现出自然、淳朴而独到的文化品格。[3] 而这正是让乡村学子们认识、感受到乡村美好,培养完整生命人格的根本目的所在。

(三)基于"平等"视角,实现乡村教育资源精准供给

教育资源不足是乡村教育和乡村校长之困的重要内容,也是城乡教育差距的首要表现。为促进教育公平、缩小城乡差距,我国于2008年开始在乡村教育上持续投入人力、物力、财力,对乡村地区的整体教育资源和教育水平的改善起到了显著积极作用。2021年全国教育事业统计数据显示,全国共有幼儿园29.48万所,普惠性幼儿园覆盖率达到87.78%;共有义务教育阶段学校20.72万所,九年义务教育巩固率95.4%;高中阶段毛入学率91.4%,比2012年增长了6.4%。与此同时,我们也要注意到,基于城市化标准的资源配置对乡村教育推动的边际效益的递减和在其中所造成

---

[1] 邱德峰,王远征,于泽元. 在地化教育视角下我国乡村教育的发展困境及突围[J]. 教育科学论坛, 2022 (3): 70-76.
[2] 张丽娟,周大众. 后扶贫时代乡村教育需要怎样的扶贫? [J]. 教育科学研究, 2022 (9): 11-16.
[3] 刘铁芳. 乡土的逃离与回归[M]. 福州:福建教育出版社, 2008: 38-39.

的进一步不公平。破局的关键在于,基于"平等"原则,加强乡村教育资源配置的针对性,引导发展具有乡村优势与特色的乡村教育体系。

具体而言,一是从"公平"到"平等"的供给理念转变。从强调"公平"走向注重"平等"是对乡村地位的重新构建。① 也就是说,城市教育与乡村教育是城乡一体化中的两种独特形态。在列维纳斯"他者"理论看来,他者是完全异于自我的一个绝对不可被替代的主体。立足于他者,艾丽斯·M·杨建构了差异性正义理论,即承认与尊重社群的差异,觉察并去除现有秩序中对异质社群的压迫与支配,并赋予他们自我决定与自我发展的权利。② 在差异性正义理论下,乡村教育资源配置不应以城市教育为参照对象,而是要针对乡村教育的优势与特色去供给其需要的资源,才能物有所值,形成中国特色的乡村教育发展模式。

二是丰富从传统资源到特色资源的供给内容。基于"公平"视角,我们会对乡村教育形成固化思维,认为乡村教育落后于城市教育的地方,如资金、师资、教学资源等实体资源,就是解决乡村教育发展的突破口。从实际情况来看,这些实体资源在一定程度上提升了乡村教育的办学水平,也保障了乡村学子的资源使用。然而,这一发展方式在推进中也造成了乡村学校的发展难题。如重建的南洋书院拥有比镇中心完小更好的校舍与设备,但就近入学的适龄学子依然选择前往镇中心完小就读。从"平等"视角来看,乡村与城市属于两种不同的社会场域,文化和环境是城乡差异化体现的主要方面,也是思考选择什么样的乡村教育发展路径的重要维度。江垭镇是土家族聚集的乡镇,它既有乡村社会场域的普遍特征,也有土家族文化的独特传统。在佘校长担任南洋书院校长时,他既结合乡土优势,有序开展劳动教育,也围绕民族、民俗等区域文化,定期组织艺术节、读书节等校园文化活动。借助传统资源与特色资源的共同作用,增进乡村学子对自然、对家乡的认识与热爱。

---

① 孙德超,李扬. 试析乡村教育振兴——基于城乡教育资源共生的理论考察 [J]. 教育研究,2020,41(12):57-66.
② 冯建军. 从同一性到差异性:重构乡村教育的正义之维 [J]. 探索与争鸣,2021(4):22-24.

（四）打破一人挑大梁，推动多元主体治理

我国社会治理结构正从"体制内单中心治理"向"党领导下的多元化治理"转变，[1] 从党的十八届三中全会提出"加快形成科学有效的社会治理体制"，再到党的十九大强调"打造共建共治共享的社会治理格局，完善党委领导、政府负责、社会协同、公众参与、法治保障的社会治理体制"，均能看出这一转变的重要性和迫切性。乡村教育治理作为社会治理的有机组成部分，其治理理念的构建与演变亦是对社会变迁趋势的一种折射，必然受到新时代我国"共建共治共享"社会治理理念的影响。[2] 但从现实情况来看，乡村教育仅依靠政府支持和学校努力的方式来发展，推进难度大且作用有限。因此，在教育系统内引入多元治理机制，引导和挖掘社会各方力量服务乡村教育，是乡村校长诗意栖居的又一法则。

在访谈的过程中，我们发现乡村校长在治理乡村学校时，惯于以一己之力去思考问题与解决问题，只有到了不得已之时才向外界求助。梁漱溟曾言道，"中国问题之解决，其发动以至于完成，全在其社会中知识分子与乡村居民打拼在一起，所构成之一力量"。[3] 乡村教育是一项系统工程，仅靠校长的个人能力会受到一定的局限。为此，首先要形成多元共治的网络结构。乡村教育治理主体涉及各级教育行政管理部门、乡村学校、教师、学生、家长以及社会组织。[4] 各主体因角色和地位不同，在乡村教育治理过程中的功能和作用也有所不同。具体而言，政府部门要把控乡村教育发展中的基础性问题，比如法规、政策、标准等内容的制定，在乡村教育治理中发挥引领作用；各职能部门因具备一定的组织能力、专业能力，在乡村教育治理中应起到"补充"作用；乡村学校和教师在乡村教育治理

---

[1] 李友梅. 中国社会治理的新内涵与新作为 [J]. 社会学研究，2017，32（6）：27 – 34，242.

[2] 李伟，李玲. 社会力量参与乡村教育治理的价值、困境及建议 [J]. 西南大学学报（社会科学版），2019，45（3）：75 – 81，190.

[3] 晏阳初. 平民教育与乡村建设运动 [M]. 上海：商务印书馆，2014：217.

[4] 李森，崔友兴. 新型城镇化进程中乡村教育治理的困境与突破 [J]. 西南大学学报（社会科学版），2016，42（2）：82 – 89，190.

中承担主体责任,即在有关教育政策和实施纲要下进行恰当的教育活动;学生与家长作为乡村教育服务的购买方,不仅要以主体角色积极参与乡村学校各项活动,还要对乡村教育的服务过程和结果做出有效反馈。如在江垭镇政府组织之下,镇派出所、交警队、街道办事处、江垭镇中心完小等单位合力守护镇中心完小学生每天的上下学路上的安全的行动。其次,完善多元治理的制度体系。当前,我国对多元共治的治理结构已达成共识,但有效保障这一结构落实的相关制度尚未完善,进而影响了各方力量活力的深层激发。访谈中,余校长指出,随着受教育程度的普遍提高,信息技术、自媒体的广泛传播,上世纪八九十年代出生的家长们普遍对孩子们的教育环境、教育资源、教学质量等十分关注且有着诸多个人看法,但因乡村教育的家校共育机制不够健全,许多家长们苦于不知如何进行有效的表达与沟通。同时,很多家长对于老师的刻板印象还停留在自己上学时的感受,面对面的交流易产生因大脑紧张而不知所云的情况。为此,他隐蔽校长身份,深入家长群体,倾听真实想法。与家长们的热情不同的是,乡村教师对于以主体角色参与到乡村社会治理的态度较为冷淡。新中国成立后,乡村教师传统治理角色正逐步褪去,文化资本的贬值使其参与乡村社会治理的优势不再,乡村治理结构的改革窄化了其参与乡村社会治理的通道。[1] 由于缺乏相关制度支持和参与途径,部分一线教师将教师的作用窄化为教书育人,既认为自己没有参与治理的责任与义务,也不关心乡村教育乃至乡村社会治理问题。未来如何通过一系列制度安排来激发各方力量参与治理的活力、精神以及解决赋权与政治风险"把关"这一道关键难题,[2] 将是乡村教育发展的重要方向。

---

[1] 李广海,杨慧. 乡村振兴背景下乡村教师治理角色的重塑[J]. 中国教育学刊,2020(5):75-79.

[2] 李友梅. 中国社会治理的新内涵与新作为[J]. 社会学研究,2017,32(6):27-34,242.

第八章　新时代校长打造乡村小学新名片

不以坚守为目的，而以创新为使命。爱生活、爱工作、爱家庭的她是新时代乡村校长的代言人。对得起老师的努力、家长的期待、孩子的喜爱，是她作为校长的初心。她对教育的满腔热忱，如同火把照亮了那一方土地。

一、案主描述及初印象

曾艳军，女，1980年出生，湖南省邵东市人，共产党员，中师毕业后通过继续教育获得本科学位。1999年正式成为一名乡村教师，2002年进入吉首市第二小学工作，2015年担任吉首市第二小学副校长，2017年被评为中小学高级教师，2019年又回到乡村学校担任校长。曾校长现在任职的吉首市双塘镇中心完小，下设2个教学点，共有16个教学班，379名学生，43名在编教师。双塘镇中心完小（简称"双塘小学"）位于双塘镇新城区东郊的半山坡上，距城区12公里左右，只有一路农村公交往返。学校占地面积2.2万平方米，绿化面积非常大，被称为"森林里的学校"。漫步校园，满眼皆绿，负氧离子充足，令人心旷神怡。

双塘镇特有的红土地非常适合种植西瓜，双塘小学也因特色劳动课程而出圈，大家都称曾校长为"西瓜校长"。我们与曾校长进行了多轮电话访谈及线上访谈，从中收集整理了共7万多字的访谈记录和大量的原始材料。虽然相隔千里，但在访谈交流中却能感受到曾校长的热情和真诚。因为疫情原因，原本的实地调研一直未能成行，在线上访谈结束之际曾校长对我们说：'等到我们西瓜成熟的时候，欢迎你们过来！'"

"做一天校长就要尽一天责，能改变的尽全力改变。"教师成长、学校出圈是她工作最大的动力；做新时代的乡村校长，培养新时代的乡村教师是她对自身的期望；让学校成为新时代乡村小学的名片是她最大的愿望。

二、校长是如何炼成的：乘风破浪，全力以赴

（一）儿时梦想开花结果

"我小时候在玩过家家游戏时就喜欢扮演教师，捡一根树枝当教鞭。妈妈是裁缝，所以我就用她在布上画线的画粉当粉笔，找一扇门板当黑板，一群弟弟妹妹当学生。那时候就觉得老师特威风，一根教鞭似乎就能指挥千军万马。长大后觉得当老师有寒暑假，可以带薪休息特别好，所以决定当一名教师。"如果说成为教师是曾艳军儿时的梦想，那么可以说这颗种子是由她父亲种下的。"我爸爸因为身体不好，小学四年级就辍学了。但是他特别爱学习，很喜欢校园生活，辍学以后，他一直觉得很遗憾。他现在都七十多岁了，还经常背诵自己的小学课文给我听。"父亲对校园生活的喜爱与怀念深深影响了曾艳军，让她更加坚定地选择了教师这个职业。

"我1999年参加工作，那时对乡村教育的印象就是穷，真的好穷。""那个年代不像现在免学费、学杂费，大部分家庭是上不起学的。基本上开学前半个月都不用上课，老师们的主要工作是挨家挨户地去'劝学'。""那时的学费也是多种多样的：有的是家长是从怀里掏出的带着体温的皱巴巴的零钱；有的是用自家烧的炭、自家养的家禽，或者自家种的红薯、橘子等来抵学费。"回忆起这些，曾校长感触很深，为了让孩子们有书读、有学上，帮学生贴学费那是常有的事。"我记得进村的时候，远远就会发现村民们在关门。为什么呢？村民们以为是管计划生育的来了。后来我从旁边经过，跟他们说是老师，大家就都开门了。然后就给我烤红薯吃，或

者端出家里其他吃的来招待。"那时候的村民对老师非常尊重，曾校长的职业幸福感很强。

在从教路上，除却父亲，还有一名叫小艳（化名）的学生对曾艳军影响也很大。这是小艳的一条朋友圈：

睡前突然在朋友圈看到曾艳军老师的消息，她是我小学六年级的班主任，阔别20年，真的好想念她。曾老师为人亲切，就像我们的"知心姐姐"一样。记得当年我还是镇中心完小的寄宿生，六一儿童节前一晚，她邀请我去她屋里一起睡，为方便早起化妆和一起张罗六一文艺汇演事宜，睡前她还给我冲了杯牛奶。由于前期的精心策划与准备，第二天我们的合唱和舞蹈两个项目都拿到了第一名。记得曾老师的飘飘长发和翩翩舞姿，记得她给我们班级元旦文艺汇演排的舞，记得她培养我当小主持人，记得她鼓励不爱运动的我打女子篮球赛，记得我发烧的那一晚趴在她腿上打吊瓶，当然也还记得晚上就寝时偷吃红薯被她罚过的站。

在我这样一个普普通通的农村孩子眼里，这样一位美丽优秀又可爱的班主任就是我梦想成为的样子。依稀记得，那时候她说比我大八岁，还叫我长大以后千万不要当老师，可是我却没有听她的话。长大后，我还是成了您，现在仍然仰望您。

师生之间相处的点滴与情谊并没有在时间的长河中被遗忘，小艳的字里行间依然透着当年的温暖。曾校长说有些细节她其实已经记不太清了，她当时经常会拿自己当作反面例子告诫学生，一是因为自己只是中专毕业，希望学生们在求学阶段能吃苦，多努力，获得更高的学历，人生的路会更好走。二是因为当时曾校长觉得当老师好辛苦，早上6点钟就要带早操，一直到晚上10点多钟查完寝才可以休息，一整天下来感觉自己除了是老师，还是保安、是厨师、是校医。她希望学生们不要像自己这么辛苦。虽然乡村教师的工作十分辛苦，但看着一代又一代学生的成长，能被学生如此惦念着，这种巨大的职业幸福感和岗位成就感，成为了支撑曾校长一路走来的力量。

（二）沉寂八年终遇破冰者

在乡村学校工作了 3 年后，22 岁的曾艳军以笔试和面试总分第一的成绩考进了城区学校，一上岗就上公开课，由于表现优异，立马被选拔为湘西自治州的代表去参加省级比赛。她的教育热情一直深深地打动着我们，但随着访谈的深入，我们发现原来她也曾有过迷茫和倦怠。"有时候觉得自己的付出没有能得到回报，有些事情我努力了，就应该会有成果。而教师的成绩通常通过学生的表现来评价。教书育人是一个很漫长的过程，并不是所有的努力都会有立竿见影的效果。而且有些家长对教师的工作不配合、不认可，也打击了我对教师职业的信心。大概是参加工作五六年后，我特别迷茫，特别想转行。我去考了导游证，在假期去做了好几年的兼职导游，尝试下来后发现每个行业其实都很辛苦。"

故事 1　教育真的重要吗

2003 年，是曾艳军老师工作的第五年，那时她在吉首市城区的一所小学任职。

当时班上有一位孩子比较调皮，经常不完成家庭作业。曾老师觉得有必要把这个情况反映给家长，于是找到了家长进行反馈。她耐心和家长解释孩子不完成家庭作业的弊端，希望通过家长和老师双方的共同努力督促孩子更好地学习。在曾老师和家长的沟通中，家长似乎并不买账，他还冷不丁地问："老师你一个月工资多少？"曾老师起初以为这只是普通的聊天，便如实告诉家长自己的工资。谁知家长对曾老师说："我在家关上门卖袜子，一年都能挣十几万，我也没读多少书，至少没有你读的书多。"这句话让曾老师当场哑口无言。这位家长觉得他读书少，却可以挣到钱，所以自己的孩子做不做作业、学不学知识无所谓，长大后依然可以做生意赚钱，反正比当老师强。

家长以钱来衡量教育的重要性，不尊重教师职业的观念和行为让曾老师彻底寒了心。那段时间恰巧出现很多家长到学校告老师的状，原因五花八门，再加上媒体的负面宣传，让曾老师感觉"老师真的是跪着教书的"。

强烈的职业倦怠感让曾老师消沉了许久，浑浑噩噩地过了差不多七八年，那些年曾老师形容自己几乎是没有成长的。"大环境很重要，校长也很重要。我起点虽然很高，但到了城区学校以后，我很欣赏的那个校长调走了，这也是我消沉的原因之一。如果不是后来遇见我的师父，我就不会是今天的我。"

故事2　璞玉终放光彩

得过且过八年后，曾老师所在的学校来了一位新校长。这位校长和曾老师同一年考进城，所以他非常清楚曾老师的能力。当时曾老师的状态非常差，对什么都不太感兴趣。新校长觉得曾老师是一块被埋没的璞玉，值得打磨和雕琢。他经常给曾老师出去培训的机会，每次曾老师外出学习之前，他还会带着水果亲自送曾老师到车站。曾老师也感受到了校长对自己的器重，开始称他为"师父"。每次曾老师培训回来，师父都会要求她给学校的老师做辐射培训，逼着她消化自己学过的东西。

曾老师第一次出去学习的时候，她都不敢发言，因为她发现自己掉队太多。当时她有感而发写了一篇名为"我现在重新起步还来得及吗"的文章。过去的八年别人都在成长，自己却没有，她开始有了紧迫感，于是开始改变，并最终逆风翻盘。她十分珍惜每次出去学习的机会，这些难得的平台锻炼了自己、展示了自己。第一次培训曾老师还不敢讲，到第三次外出培训时，曾老师作为学员代表的发言就已经博得了领导和一起参训学员的喝彩。大家的肯定让曾老师信心倍增，台下的教育局局长也注意到了曾老师，因此有了后面的后备干部培训。璞玉最终发光，曾老师一步步地被提拔为副校长和校长。师父的推动不仅唤醒、成就了曾老师，曾老师带来的辐射培训还带动了学校其他教师的成长，给学校注入了活力。

在贵人的指引下，结合自身的努力，曾老师"这块璞玉"终于被大家看见。在结束了后备干部培训后，曾老师被安排到吉首市第二小学任副校长。这是一所千人大校,且在她任职的四年里,学校人员调动特别大,哪个岗位缺人她就顶上,教学、教研、德育、管理等岗位她都做过,一个人几乎顶了半边天,每天就像陀螺一样转个不停。由于工作多、涉及的面广,曾老师发现执行力和整合力非常重要。"那四年真的非常锻炼人,我逐渐学会把千头万绪的工作理清楚,然后通过资源整合去解决,执行力得到了锻炼,也积累了一些管理的智慧。"

曾艳军入职第三年就开始当学校的少先大队辅导员,然后做教科室主任,再到成为副校长。多年的中层干部工作经历不仅充分锻炼了她的能力,也更让她明晰了自己的目标:如果要实现自己的教育理想,做到副校长还不够,副校长只是具体工作的执行者,仍有许多限制,只有成为校长才可以从更高更宽广的视角去规划学校的发展。这些管理岗位上的前期摸索也为她当校长打下了坚实的基础。

(三)初来乍到的外地女校长

2019年,曾校长被调往吉首市双塘小学担任校长。曾校长是双塘小学历史上第一位女校长,也是第一位外地校长。去之前曾校长的朋友都为她捏了一把汗,因为本地老师和村民有些排外,当时学校情况又比较复杂。据说遇上事的时候,只有本地校长才压得下去,甚至还出现了好几任校长被本地老师掀翻了的事例。曾校长在刚任职时并不顺风顺水,但因为有前车之鉴,她早有思想准备,在处理和本地老师及村民的关系时特别注意。在双塘小学任职的几年里出现过一些摩擦,如村民上访告状、教辅人员罢工、本地老师上访等大大小小的事情,但她从来都没有退缩过。

故事3 试探

2019年9月23日,曾校长刚到双塘小学上任二十多天就发生了事故。当时双塘镇正在修高铁,施工人员把一根电线挖断了,引起了当地大面积的电线短路。学校里的一个监控摄像头也因为短路起火,导致全校所有的电器全部烧坏了,电铃也不例外,学校一片混乱。曾校长见状赶紧安排人工打铃，尽量恢复教学秩序。她积极地找人抢修，让学校尽快恢复正常运转，好在第二天大部分电器基本都修好了。

可不承想"屋漏偏逢连夜雨"，第二天一大早食堂的员工竟然开始罢工，诉求是加工资，原因是物价涨了和学校开展了课后服务。曾校长觉得课后服务延长了上班时间，加一点工资也合理。于是她承诺食堂员工加工资，但这事需要上行政会商量，请他们先来上班，不要耽误孩子们吃饭。但是食堂员工看曾校长是新来的外地女校长，想着她好欺负，于是狮子大开口，提出必须加多少工资他们才满意，如果没有加到他们满意的金额就不来。曾校长见状马上和管后勤的副校长说："你告诉他们来就现在来！不然以后都别来了！"之后她马上召开紧急会议，安排大家花高价找厨师，按天计工资，先把这几天挺过去。"不能让孩子饿着！招不到我们就自己上！"后来，学校的副校长和其他行政人员把亲属都请了过来，老师们排班分别负责洗菜、洗碗、打饭，把那一天扛了过去。晚上曾校长和大家商量马上发招聘广告，在没有找到合适的人选前，这些活先大家分工扛着，就这样曾校长把这个危机顶了过去。

从曾校长到双塘小学的那一刻起，就不断地有不同的人在提不同的要求。其实大家都是在观察、试探，想看看这位外地女校长是不是个软柿子，好不好捏。但曾校长用行动向大家证明了自己作为校长的担当和能力，赢得了大家的尊重与敬佩。在调研期间，我们也收到了来自不同教师对曾校长的评价："作为刚退休不久的教师，深感她是双小教师的伯乐，在关心教师的成长和学校的发展等方面做得够完美""曾校长为我们的成长指明了正确的方向""曾校长一对一地培训指导我运用信息技术备课、授课，很有耐心""搭班时，经常看到曾校长加班至凌晨""她说话算数，答应别人做的事从不失信""曾校长对有困难的老师、退休的老师很关心""外人都说我是跟领导很难融合的老师，但在跟曾艳军的接触中我心悦诚服，我们工作配合得很好"，等等。

三、治校经验：新时代乡村女校长的思与行

（一）打造乡村小学"新名片"

"曾校长来了之后，整个学校氛围发生了翻天覆地的变化，凝聚力非常强，做出了乡村小学的品牌和特色。"这是湘西土家族苗族自治州教体局副局长来到双塘小学后对曾校长的评价。"双塘是最难管的地方，老师告状最多，之前告倒了好几个校长，但她来了后变化很大。"2022年是曾校长到双塘小学的第四个年头，了解双塘小学历史的人都说学校从里到外变化都很大。

"通俗一点说，乡村校长需要做的第一件事情就是找钱；第二就是管人；第三就是打造学校特色，树立自己的乡村品牌。"曾校长介绍自己的治校经验后，我们才明白这翻天覆地的变化从何而来。"校长需要进行顶层设计，顶层设计引领学校的发展方向。具体的事情可以交给下面的人来做，但作为校长自身必须要有规划能力和指导能力。"

1. **夯乡村小学之基**

曾校长来到双塘小学后，通过开源节流投入上百万元对学校的硬件设施进行了全面升级，如更换全校的课桌椅和办公桌椅、整修运动场、添置健身器材、更新照明系统、翻新老旧会议室、新建阅读室和咖啡吧、重建校园文化墙等，让学校焕然一新，学生学习和老师工作都更舒心了。最值得一提的是，学校投入40多万元修建了湖南省首个水果类主题文化教育博物馆——双塘西瓜文化教育博物馆。有时曾校长周末去学校值班，也会碰到前一晚住校刚起床的老师，因为学校的条件和环境的改善，双塘小学的老师们更愿意待在学校了。"我们每次吃完饭都会去操场散散步，那儿有很多健身器材。学校硬件设施起来了，再加上农村新鲜的空气，我们在这工作生活很舒适。"

2. 育乡村小学之师

当问到曾校长的教育理念是什么时，她用了四个字回答——唤醒、点燃。"当老师时，我注意唤醒学生对学习的兴趣，因为兴趣是最好的老师；当校长后，我注重唤醒老师对教育的热爱，点燃他们对教育的激情。这都很重要。"曾校长主要通过三种方式去唤醒和点燃教师。

第一，激发内驱力。曾校长刚上任时发现双塘小学老师们的基本功和工作能力都比较强，可在当地都不太有名气，这所学校默默无闻。后来她进一步发现老师们因为缺乏引领，没有工作热情，导致了这一现象。曾校长针对不同老师的情况，找到每个人的切入点以激发他们的学习动力。比如遇到临近退休的老师时，曾校长会说："现在是信息化时代，如果你对手机一窍不通，那么退休以后和孙子相处没有共同语言怎么办？"无论是哪个年龄段，哪个学科的老师，曾校长总有不同的办法激发他的内驱力。

第二，专业的引领。"做课题真的是很锻炼人，"曾校长介绍道，"我刚来的时候，农村很多老师都不知道课题是什么，我们学校没有一个省级课题，甚至连州级课题都没有。"于是，曾校长便带头申报，带领学校实现了省级课题零的突破。对于从未接触过课题研究的老师们而言，做课题存在很多问题，比如没有课题意识。老师们非常清楚会在现实教学中遇到的困难，但不能进行转换。曾校长和老师们的思维碰撞大都发生在食堂，在和大家日常的工作吐槽和聊天里，她会引导老师们往课题选题方面去思考，一步步地培养老师们的课题意识。"日常吐槽中其实有不少好的选题。"慢慢地老师们有了研究意识，也学会了如何去整合，曾校长就这么带着学校的老师走上了课题研究的道路。曾校长告诉老师们："遇到不会的先去查百度，实在解决不了再来问我。"她自己就是这么摸索过来的，"授人以鱼不如授人以渔"，她希望培养老师们的思维模式与发现问题、解决问题的能力，而不是让老师们被动地指哪做哪。受曾校长的影响，老师们遇到难题会先自己想办法。现在许多老师都可以独当一面，曾校长打趣说道："现在我都可以做甩手掌柜了。"

第三，搭建平台。有了探索学习的欲望并且明确方向后，老师们不再像以前那么懒散了。如何持续保持这种动力,曾校长认为学校给老师们搭建的宣传和展示平台很重要。比如,受邀到外面去讲座时她都会带上学校的团队,自己甘居幕后,让其他老师展示自己。她还会通过派老师们出去上课、让老师们外出参加比赛、帮老师们投稿等各种方式,给老师们创造机会,展示风采。

故事4 成为伯乐

2019年,在曾校长赴双塘小学的任职会上,教育局公布了各个学校的成绩,当时有个点让曾校长眼前一亮:双塘小学英语的及格率是百分之九十四点多!曾校长曾在城区任职的吉首市第二小学,英语及格率都只有80%左右,很难上到90%。一所农村小学竟能达到这么高的数值,这立马引起了曾校长的好奇,双塘小学的英语怎么会这么好呢?曾校长随即向副校长打听到教英语的老师是宋老师,于是曾校长对宋老师有了印象并经常有意识地去观察她。

到校后,曾校长和宋老师并没有特别多的交集,但宋老师爱打麻将倒是人尽皆知。曾校长发现她有个特点:不管她教哪个班,那个班的孩子都特别喜欢上她的课;无论成绩多么差的一个班,经她的手带一年后,一定会有很大的进步。可宋老师除了会教学外什么都没有,没有课题,没有论文,教学成绩好是她唯一的亮点。于是,曾校长开始鼓励她:"你教学成绩这么好,肯定是有秘诀、有高招,你要自己去挖掘、去梳理其中的原因。"宋老师表示自己并不知道为什么,就是单纯地希望能让孩子们喜欢上英语。为了帮助宋老师发现自身的闪光点,曾校长经常去听她的课,用心观察了一段时间后,发现宋老师很少拖堂,课堂氛围特别好,孩子们上她的课情绪很饱满、注意力很集中。曾校长总结,这是因为宋老师擅长点燃孩子们的学习兴趣。曾校长继续鼓励宋老师,并手把手带宋老师做课题,让她出去比赛,督促她、帮她磨课,慢慢把宋老师引向专业化发展道路。

一开始,宋老师觉得自己就是一位"教书匠",无非是认真一些,从来没有认为自己出类拔萃。因为自己不会写论文，也不会做课题，认为职称晋级离她特别遥远。可后来在曾校长的引导下，她成长为湘西土家族苗族自治州第一位乡村特级教师，成为了双塘小学的招牌。曾校长平时爱用宋老师作为正面例子，因为老师们都觉得她太普通了，大家都不敢相信平常那么爱打麻将、那么懒散的一个人会有这么大的变化。宋老师说，当自己改变思路后，就犹如发现了新大陆，感受到教研的魅力，专业成长速度飞快，短短三年就从一名普通的中小学一级教师蜕变成为自治州首个乡村特级教师。而正是因为曾校长的到来，让她在教学上不再迷茫，能够怀揣着梦想大步向前。宋老师常说曾校长就是她生命中的贵人。

因为曾校长曾经受到过"师父"的指点，她的职业生涯才完全被改写，所以她深知"伯乐"对于教师发展的重要性，也因此，她乐于当老师们的伯乐，发现每位老师身上的闪光点，让他们发光发热。曾校长的"管理艺术"也让双塘小学的教师们都无条件信任这位"领头羊"。

3. 创乡村小学之新

曾校长任职的四年里，信息技术和劳动教育成为双塘小学的两个品牌。作为一所乡村小学，学校克服了硬件差、教师年龄结构老化、信息技术基础薄弱等困难，结合学校实际，独创了"三会十课"的培训模式，对全体教师进行信息技术 2.0 培训。"三会"的第一会——启动会，结合各级文件要求和教师的信息化培训需求，制定考核标准与要求，在双力驱使之下达到教师从"要我学"到"我要学"的转变；第二会——推进会，通过反复研讨，制定出切实可行的推进方案，在全校大会上详细解读；第三会——总结会，对培训及考核中表现优秀的教师给予表彰。"十课"是指学校培训团队通过请教专家、集体研讨，结合学校的硬件和师资条件，根据信息化培训的 12 个能力点，研制的 10 堂线上直播课。最终学校教师信息技术 2.0 能力提升测评通过率达 100%，其中 22% 的老师申报了优秀等级的测评，通过率也高达 75%，远远高于吉首市平均值。双塘小学信息技术 2.0 培训案例因此被教育部评为全国优秀案例，并通过中国教育电视台在全国推广，这也是湖南省唯一入选的案例。"我们之所以能入选全国优秀案例，是因为我们是在逆境中成长。"从曾校长的语气中我们感受到了成绩背后的付出。

故事5　我们要靠自己的力量"造血"

2019年9月，曾校长第一次来到双塘小学下设的教学点，她发现这里很多课程开展不起来。当时，她带着一名体育老师去给孩子们在河边上游泳课，被村里许多人围观。因为教学点的孩子从来没有上过这么规范的体育课，这一新奇的阵势引起了村民们的好奇，孩子们也非常兴奋。

而曾校长看到这一幕心里很不是滋味，教学点师资匮乏，孩子们连国家规定的课程都无法开齐，更没有其他优质的资源，何谈接受"公平而有质量"的教育。如果每次都需要由中心完小的老师或城区的老师来送教的话，相当于只是给教学点"临时性"输血，自身仍然缺乏造血功能。送教次数不可能那么频繁，教学点完全依靠外力不可能得到真正的发展。曾校长开始思考怎么样才能让教学点的孩子们享受到优质的教育资源，但一直没有一个答案。后来，恰巧有一次一批城区的老师来中心完小送教，曾校长和城区学校的领导聊起了这个问题，那位领导当时就给曾校长推荐了一款名叫CC Talk的软件，并告诉她"里面有很多资源，也许可以解答你的困惑"。这是曾校长第一次听说这款软件。她开始自学，不懂的就通过百度去找答案。几天摸索下来，她发现这确实是个宝库，比如"乡村孩子课外书籍稀缺，CC Talk里就有关于整本书阅读的一整套课件资源，还有专业的老师教阅读的方法，这是我们乡村教师不擅长的。现在有了信息技术，只需要在班班通播放，全班同学就都能学习到"。

但是，在使用了一段时间后，曾校长发现CC Talk里面的部分资源不符合乡村学校的实际情况。以音乐课来说，城区学校孩子们的乐理基础和农村孩子们的乐理基础根本不在一个水平线，如果照搬照抄网络课程，乡村孩子会完全跟不上。于是曾校长开始思考如何开发适用于自己学校的资源。她在学校组建队伍，试着去做，比如上级要求每个班都需要上防溺水的课程，但这一课程 CC Talk 里并没有，她就根据双塘小学的实际情况开发这一课程，由双塘小学的老师上课并全程录制，同时和自己的教学点以及其他村小同步上课，实现资源共享，搭建 CC Talk 双塘小学的教育资源库。双塘小学从运用资源走向了开发和推出课程资源。

这样探索了一个学期后，新冠疫情的来袭加速了双塘小学信息技术教育的脚步。"我们开发的第一个系列课是"在战疫中成长"的思政课。我们搜集了各种报刊和各类媒体的信息，老师们进行筛选和整合，每一期一个主题。第一节的主题是'榜样'。我们讲述了悬崖蹭网、村部蹭网等努力学习的少年的故事。"当时孩子们上网课遇到了很多问题和困难，曾校长希望能通过这样的方式给孩子们以鼓励。后来到四月清明节前夕，双塘小学又推出了清明节专题的网络课程，祭奠在抗疫中牺牲的白衣天使、在疫情当中义无反顾的逆行者。根据不同的主题去搜集相关的资料，以音频、图片、文字以及教师讲述的方法，让孩子们在疫情期间也不落下学习。

就这样，曾校长摸着石头过河，一步一个脚印地完善了双塘小学的课程资源库，提升了教师队伍信息技术的运用能力，取得了较为显著的教学效果。

"我们希望通过信息技术连接乡村孩子和城市孩子，但是我们又希望能有乡村小学自己的特色。"除了信息技术，劳动教育是双塘小学的另一品牌。曾校长尝试着将学校的这两大特色融合成为一个品牌，于是有了双塘小学"5+1"劳动校本课程，走出了乡村小学的特色办学之路。

（二）双塘的西瓜为什么这么甜

曾校长谈到第一次知道双塘，就是因为双塘的西瓜皮薄瓤沙、鲜嫩多汁，很好吃。后来自己来到了双塘，她就把自己定义为一个双塘人，开始思考如何传承"家乡"的特色。曾校长后来找到了答案，就是通过教育把双塘西瓜推广和宣传出去。

2020年12月，双塘小学的劳动基地正式建立。秉持着"让课后服务有生命力，打造乡村特色"的宗旨，曾校长利用乡村小学得天独厚的资源优势，带领全校师生进行了主题式劳动教育校本化实践探究，采用主题统领、课程支撑、活动深化的模式将五育融合。上半年种植西瓜，下半年种植蔬菜，让劳动教育贯穿整个学年。双塘小学以地方种植产业为主题开发了"5+1"特色校本课程："5"即为五育融合，以劳动教育为抓手，让学生德、智、体、美、劳协同发展；"1"是指信息技术，双塘小学利用信息技术示范校的优势，借助现代化信息技术手段将乡村劳动教育的成果辐射到城区学校，用劳动教育搭建起城乡孩子的友谊桥梁，协助解决城区学校无劳动基地之困，同时通过城区学生认养西瓜苗每期为学校创收数万元。

学校树立"以劳育人、以劳树德、以劳增智、以劳强体、以劳育美"的培养目标，依据学生个性和需求，开设以种植技术、劳育知识、主题绘画、编写主题游戏程序等为内容的特色劳动课程。孩子们依据自己的喜好自由选择，全校338名孩子最终按德、智、体、美、劳、信息技术6类，组成10个兴趣班，每周四下午进行2个课时的专题学习。在劳育组师生的精心照顾下，西瓜和蔬菜喜获丰收，孩子们不仅学会了种植技术，还感受到了劳作的艰辛与快乐；德育组孩子们把基地收获的西瓜、蔬菜亲手送给了高铁站和芙蓉学校的建设者们、敬老院的孤寡老人们，深深地体会到了劳动的价值；智育组的孩子们将自己劳动时的欢笑与汗水写进文章，有育苗失败时的伤心，有菜秧患病时的担忧，有西瓜被动物偷吃时的无奈，更有果实收获时的喜悦；体育组孩子们自编的西瓜操获得一致好评，精心准备的瓜元素游戏是西瓜节上最受欢迎的项目，孩子们在游戏和劳动中挥洒汗水，强健体魄；美育组孩子们通过将西瓜、蔬菜元素融入自己的美术创作中，做出了色彩缤纷的西瓜服、惟妙惟肖的蔬菜橡皮泥等作品，孩子们不仅体会到了劳动美，更感受到了艺术美。除此之外，双塘小学每学期还会组织一次大型劳动教育汇报展示活动：七月西瓜节，一月蔬菜节。活动一般设有两大区：一是展板区，将一学期兴趣班上课、活动的过程制成展板并配文解说；二是展示区，各兴趣班的劳动教育成果以实物、作品、节目等形式展示。活动流程为一说、二摘、三做、四吃、五赏、六送。每学期的劳动教育汇报活动既是劳动教育成果的展示，又是对劳动教育质量的考核；既是师生展示才华的舞台，又是让师生享受劳动果实的平台。双塘小学巧借双节活动将劳动教育进行了总结和升华。

曾校长说种西瓜有很多的学问，可以衍生出很多附加的教育产品。比如抒发种西瓜过程中的感悟的文章、诗词，利用送西瓜契机进行的热爱家乡、热爱祖国、热爱党的德育教育，以西瓜为主题的扎染服饰、绘画和西瓜卡片、扇子等手作。她认为这些成果需要一个陈列展示的地方，希望其他人可以更深入地了解西瓜的知识和文化，于是她便萌生了建一个西瓜博物馆的想法。建馆的想法得到了当地多方支持，学校先后筹集了40万元，用时8个月，将废弃的原教职工宿舍粉刷改造成总面积460平方米、设有7个展室的西瓜博物馆。曾校长还联系到了吉首大学生物科学、文化创意、文学、新闻等专业的师生参与创意策划和统筹建设，确保馆内知识内容的专业性与权威性。2022年7月，双塘小学的西瓜博物馆也正式开馆。这是用劳动、用知识，更是用孩子们的童心搭建起来的博物馆。

双塘的西瓜曾经很有名，但有段时间因为其他品种西瓜的引进导致双塘本地的西瓜滞销，当地人慢慢都不愿意种植西瓜了。西瓜节的推出，再加上西瓜博物馆的开馆，曾校长让双塘小学西瓜基地出了圈，双塘西瓜也因此又声名大噪。当地政府开始重新重视双塘西瓜，村民的种植热情也随之高涨，2022年夏天双塘西瓜全部销售一空。双塘镇书记主动找到曾校长，感谢她把西瓜宣传出去，扩大了销路。书记还计划让曾校长发展另外一个产业——木耳，现在镇政府正在和曾校长携手策划如何让双塘木耳"火起来"。曾校长用自己的智慧和付出促进了乡村学校劳动教育与乡村产业振兴的有机结合。

在曾校长分享给我们的《小学生导刊》中，刊登了15篇双塘小学孩子写的西瓜主题的文章，孩子们在文章中都表达了西瓜系列课程对自己的影响，让我们印象最深刻的是一篇六年级小朋友的作文：

种西瓜

双塘的春天是充满绿意的季节。我喜欢吃西瓜，便加入了学校的种西瓜小组。

小时候，我爸妈每年都会种上几亩地的西瓜。到了夏天，我们家总能收获很多又大又圆的西瓜，让我大快朵颐。跟着父母上街卖西瓜赚钱也是我很美好的记忆，因为双塘的西瓜很出名，所以每次出去卖瓜都能有不错的收入。

经过这几次的劳动课，我才明白父母种西瓜多么不容易，那时候的我只是在坐享其成。在一次劳动课上，陈老师带着我们在西瓜地里除草。那天的太阳格外毒辣，晒得我的脸和手都红了。我双手在地里不停地抓野草，奋力将它们扯出来。有些根茎大的野草需要双手用力拔。我的手夹杂着泥土和汗水，额头上的汗珠也如雨点般不停地滴下，一股深深的疲倦感侵扰着我的全身、冲击着我的头脑，而头顶太阳的照射更让人感觉乏累。

在我们40多个同学的努力下，花费了将近两节课的时间才将西瓜地的杂草清除干净。我突然想起父母在种植西瓜时，只有两个人，他们是怎样让家里的西瓜地每年都获得丰收的？他们该付出了多少汗水啊！

以后，我也要种西瓜给父母吃。用科学的方法，种出更加美味的西瓜，让他们为我骄傲。

曾校长还介绍了他们学校的西瓜认养活动，还有来自广东的学生在网上"云认养"，孩子每天通过视频观看自己认养的西瓜的成长过程。"劳动教育现在是我们学校最大的特色，我们的落脚点为西瓜，是因为西瓜是我们双塘的特色。我希望通过西瓜系列特色课程，让孩子们热爱家乡，为家乡宣传，为家乡代言。"好的教育，是教会孩子们种植希望，收获梦想。双塘小学的劳动教育，也如星火，不断"点燃"各个学校，各个家庭。作为新双塘人的曾校长，通过特色劳动教育让孩子们对"春种一粒粟，秋收万颗子"的认知不仅仅停留在课本里，更在身体力行中教会了他们对这片生兹养兹的土地的热爱，在他们心中播下了对未来的憧憬。

四、乡教负荷：乡村教师队伍渴望新时代新标准

面对学生的流失，曾校长认为这是城镇化背景下不可避免的。所以她一方面通过抓硬件、抓专业、抓特色把学校品牌立出来，另一方面加强对学校的宣传，让乡亲们觉得在这所乡村学校念书不会比在城里差。"我正在朝这方面努力，我和老师们开会的时候会强调，生源少了，我们的生存空间就越来越狭窄了。所以教育质量是学校教育的生命线，我们不仅不能滑坡，还要创出特色，打出名气，只有这样我们才能保住生源，才会有发展的空间。"面对教师的流动，曾校长也很释然，"走了大不了我再培养"，她从不会阻拦老师的自我发展。但当谈到乡村学校不被看见的现状时，一向自信昂扬的曾校长也有些无可奈何。

"我们乡村校长普遍的感觉就是不被看见。"说到这，曾校长的语调明显降了下来，"好像大家对我们乡村学校没有太大的期望，只要你不出乱子、不出事就可以了。我们是被忽视的，一般都是野蛮生长，从来都没有人来给我指导，搞劳动教育也是这样。只有等你发展到了一定的程度后，达到所谓的'出圈'了，才会有领导开始看到我们，但也并不能给予我们特别大的支持，因为我们学校的规模太小了。很多的乡村校长之所以没有动力，就是因为他们都不被看见。"

"乡村校长没有干劲，还有一个原因是很多教师把乡村学校当作跳板，所以大家的想法就是怎么稳、怎么平安过渡，就怎么来，并没有想要有什么作为。"很多校长都劝过曾校长，只要在那里平安地度过四年或五年，就可以按点进城了，不用太折腾。曾校长发现自己的许多理念和想法与其他一些乡村校长不太一样，和他们聊天总是离不开"进城"二字，有些人甚至会直接对曾校长说："你不用操心了，明年你肯定进城了。"大家并不关心曾校长到底想不想进城，只是觉得明年时间一满，这趟"进城的车"就来了。"大家看到了我做出的成绩，也看到了我还没有进城的事实。因

为政策是这样的，我的资历还不够，时间没满四年，成绩如何不是决定性因素，所以这也导致了一批乡村校长不愿意去创新。因为不管我做与不做，只要时间到了，我就可以动了。既然这样，大家怎么还会思考如何在保稳的基础上创新呢？"

在这样的大环境下，曾校长有时候会有种孤军奋战的感觉。"坚守和创新，哪个更重要呢？"曾校长提到这个问题时，沉默了许久。她说自己看到的大部分报道中评价乡村教师或校长最重要的一个指标就是扎根多少年，带出了多少批学生。但她认为现实中并不是所有的乡村教师都可以用这个标准来衡量的，在她的从教生涯中有遇见过被迫无奈待在乡村或者自己不愿意走的教师，他们的自身能力乏善可陈，对待工作也并不认真，却因为政策的倾斜拿到了一张"免死金牌"。

故事6　免死金牌

曾校长在双塘小学任职期间，教师队伍中有一对老夫妻马上面临退休。夫妻二人的家就在当地，二人在此结识、相守，就这样在当地的教学点坚守了一辈子，在当地有一定的话语权。当中心完小派人去教学点检查教案或进行其他常规性的教学检查时，都不怎么顺利。只要不是曾校长亲自出面，夫妻二人都能将其他老师给敷衍过去。

曾校长刚到双塘小学的第一年，出于对学生学习质量的考虑和整体规划，她想将教学点的高年级合并到中心完小，把两位老师调到中心完小来。曾校长希望听取家长和当地居民的意见，于是让两位老师上门家访收集信息。曾校长非常重视这次结果，因为这可以帮助当地的孩子享受到更好的教育，也能弥补当时中心完小师资不足的问题。结果最后报上来的数据显示只有一位家长愿意让孩子到中心完小来，提交的材料非常没有说服力。曾校长后来了解到，两位老师其实并没有去做实际的工作和家访，只是随意地提交了一个数据。这让曾校长非常生气和无奈，沟通后效果也不尽人意，几十年的乡村工作经历让部分教师觉得拥有了豁免权。抱着这块"免死金牌"，乡村老师极易产生职业懈怠和稳中不进的心态。

五、我的思考：新时代乡村学校需要新名片

乡村教育的优质发展是乡村振兴的应有之义，而校长是乡村学校发展变革的灵魂、引领者和实践者。[1] 乡村校长作为乡村教育工作者的领头羊，能否主动担起提升乡村教育质量、振兴乡村的责任，直接关系到乡村未来的发展。曾校长勇于探索、推陈出新、真抓实干，给双塘小学甚至当地都带来了巨大的变化，带给我们的不仅仅是感动，更是启发，让我们深入思考乡村教育究竟该何去何从。

（一）激发乡村教育发展内在潜能

要想充分激发乡村教育的内在潜能，可以将乡村学校自身建设作为切入点。乡村教师和校长不能以"过客"的身份自居，不能简单地将乡村学校作为跳板，求稳度过，而要重新定位自己的文化使命和角色担当，强化作为乡村教育者的责任感和使命感。如曾校长本是外地人，到了双塘小学任职后，她立马以主人翁意识将自己定位为"双塘人"，将发展双塘视为己任。通过对曾校长的叙事研究，我们认为可以从以下两方面着手，激发乡村学校发展潜能。

首先，发掘并优化自身力量，打造特色乡村品牌。乡村教师和校长要善于发现并充分利用当地丰富的自然文化资源和独特优势，从安身立命之所生发出源源不断的教育自信。[2] 根据不同的地方文化、环境、资源等，因地、因人、因时制宜地打造乡村小学的特色品牌，做优秀乡村文化的传承者。让孩子们认同家乡，热爱家乡，培养"有根"的孩子是当今乡村教

---

[1] 张兰婷，张莉，李为民. 乡村优秀校长特质的个案研究［J］. 教育学术月刊，2021，(11)：91-99.

[2] 邹太龙. 乡村教师助力民族地区乡村文化振兴：现实困囿、角色期待与行动路径［J］. 湖北民族大学学报（哲学社会科学版），2022，40（5）：106-114.

育重点所在。在宣讲书本上的文化知识和开展校内劳动教育的基础上，可以组织学生进行户外教学实践，把课堂延伸至整个乡村社会，实现学校小课堂与社会大课堂的协同育人，让学生切身感受乡土课程的别样魅力，在不知不觉中涵育学生的恋乡情愫，增强学生的身份认同、健全学生的人格。[1] 曾校长正是结合了双塘本地西瓜的特色，开发"5+1"特色课程，通过信息技术将双塘小学的劳动教育推出了圈。在这过程中乡村教师的专业得到了本土化发展，乡村孩子对家乡的了解与热爱加深了，当地的西瓜种植产业也振兴了，学校发展的外部环境自然也变好了。

其次，重视校本培训，促进教师专业成长。乡村学校所处的特殊空间决定了它必须走出一条不同于城市教育的特色发展之路，如果只是将城市教育照搬照抄，定会出现"水土不服"，造成乡土资源的浪费和弃置等问题。"教师的专业要成长，最关键的就是校本培训，它最接地气、最实用。"比如暑期湘西土家族苗族自治州对 2.3 万教师进行了课程标准的集中培训，曾校长在这过程中就发现，要将新课标真正落实到学校还需进一步细化和抓实。曾校长经常会针对于自己学校的特色和老师的特点，组织有针对性的校本培训。每当曾校长或其他老师外出参加完培训后，一定会在学校进行辐射培训，给老师们分享前沿的信息。当曾校长发现班主任管理上有漏洞时，就会进行班主任培训；当发现劳动课出现教师对课标理解不深刻的问题时，便组织进行劳动新课标的校本培训。当然，曾校长表示目前双塘小学的校本培训仍存在一定的不足，主要是碎片化问题，所有的校本培训课程还未形成系列和系统，后续还需通过加强顶层设计加以改进。

（二）协同乡村教育发展内外力量

乡村学校大多有规模小、资源少的痛点，单靠一所学校的力量很难发

---

[1] 邹太龙. 乡村教师助力民族地区乡村文化振兴：现实困囿、角色期待与行动路径 [J]. 湖北民族大学学报（哲学社会科学版），2022，40（5）：106-114.

展，所以乡村学校要学会通过校际合作借力发展。重视乡-乡联合共创和城-乡共同体构建，既有助于避免乡村学校沦为文化孤岛，也能促进城乡教育多维度均衡发展。

一方面，地缘相近、文化相似的乡村学校可以抱团取暖。如双塘小学目前校本培训的困境是不够系统化，曾校长发现单靠自己学校的力量，培训内容很难面面俱到，所以她一直希望能和其他乡村学校组团发展，把大家各自的优势和特点发挥出来，形成团队的力量。"比如他们学校有个优秀的班主任，那我们可以请他来给我们做班主任培训；我们学校很擅长劳动教育，就可以去帮助别的学校。学校之间可以形成联动。"

另一方面，城乡学校之间也可以互相取长补短。丰富的自然景观、风土人情、乡土文化、生活经验等天然优势，为乡村学校发展提供了得天独厚的条件。而城市的现代化设施、现代化教学理念和前沿信息等是乡村所匮乏的。借助信息技术的力量，城乡学校可以形成共同体协同发展。"城区学校往往没有足够的土地开展劳动教育，那我们可以通过抖音、腾讯、CC talk 等平台，让城区的孩子通过直播课的方式参与进来，让他们看到乡村学校的孩子是如何在田间地头劳动的；而我们乡村的孩子们也可以通过城区老师的直播课去了解平时没有接触过的知识，比如空气炸锅是什么、有什么用途、如何操作等。通过城区学校的分享看看外面的世界，拓宽自己的视野。"

（三）释放乡村教育发展新动能

提升乡村校长领导力，是释放乡村教育发展新动能的关键。[1] 如何正确发挥校长领导力，则需要依靠教育行政部门和政府的支持以及自身努力。

第一，推进乡村校长评价改革。"我们吉首的用人机制是，如果要提

---

[1] 杨清溪，邬志辉. 校长领导力：乡村教育发展的新动能 [J]. 教育发展研究，2018，38 (24)：41-47.

拔校长，一定要先到乡村去锻炼个三四年，时间一到就可以进城了。无论你干得好或不好，只要不出太大差错，呆满年限即可，做得好也不能提前。"这样的评价标准和任用机制，削弱了乡村校长们的办学热情和教育创造力，也不利于乡村教育的良性发展。基于此，我们建议采取更科学、更多元的乡村校长评价标准，在注重其乡村学校扎根年限的同时，综合考虑管理实绩，激发并支持新锐力量，增强乡村校长岗位吸引力，激发队伍活力。

第二，给予乡村校长实质性的关怀。新时代吹响了乡村振兴的号角，乡村教育被赋予了新的使命，乡村校长在这其中担任了重要角色。乡村校长的工作和成绩需要被"看见"，乡村校长的成长和进步需要支持。首先，教育行政管理部门要加强校长领导力的培训，促进乡村校长队伍职业化和专业化建设。让乡村校长学会治校，学会正确影响和引导师生的方式方法，丰富乡村校长的教育专业知识，提升其管理水平、乡民认同、个人魅力。其次，鼓励乡村校长积极参与乡村社会治理。可效仿梁漱溟探索的"政教合一"的乡村建设试验，鼓励乡村校长进入乡村的村民委员会，兼任村委会干部。[1] 双重领导的工作模式，一方面能让乡村校长掌握乡村发展资源，提升在当地的话语权，为乡村学校发展赢得更好的外部环境；另一方面，乡村校长也能更深入地了解乡村发展诉求，从而促进乡村学校和乡村社会的协同发展。

第三，强化乡村校长个人修炼。提升乡村校长的领导力，除了外部支持，也需要自身努力。我们认为校长加强自身领导力可从理论和实践出发。在理论层面，系统的教育专业知识是乡村校长领导的基础，乡村校长应当加强规划学校发展、营造育人文化、领导课程与教学、引领教师成长、优化内部管理、调试外部环境等各方面业务知识的学习。此外，扎实的理论知识不仅需要从书面文字上获取，更要从培训机会和外部资源中学

---

[1] 杨清溪，邬志辉. 校长领导力：乡村教育发展的新动能 [J]. 教育发展研究，2018，38(24)：41-47.

习更新。在实践学习层面，可以包括"权"和"人"两方面。作为校长不仅要善于用权，更要学会分权。赋予教师们一定的实际权力，不仅可以减轻自己的工作压力，还能进一步调动教师的积极性，为学校发展做出贡献。如曾校长打趣说自己是甩手掌柜，双塘小学几乎大半的管理工作都可以由副校长们来承担。这正是因为她敢于分散权力，鼓励副校长们把双塘小学作为自己未来成为校长的一个实习基地，并鼓励他们放手去做，不用害怕失败。曾校长无条件的信任激发了副校长们的工作热情与潜力。除此之外，作为校长应会识人用人，善于发现每个人的闪光点，激发教师们的潜力为学校建设做贡献。双塘小学之所以凝聚力这么强，是因为曾校长是双塘小学教师们的伯乐，她会在平日里注重跟教师们谈心谈话，会根据教师们各自的优势设计其专业发展方向。而我们从曾校长的叙事研究中可以学习到，作为乡村校长应以尊重、关怀、真诚分享，容许错误，接纳多元的方式去实践自己的领导智慧。

新时代赋予乡村校长新使命，乡村校长迎来新时代的角色担当。无论是外部和校长自身都应以更高的标准去提升乡村校长领导力，以此充分释放乡村教育发展新动能。

参考文献

[1] BRANSCUM J D, BUTLER C E, DAVIS B. Competencies of rural Oklahoma school principals [J]. The High School Journal, 1982, 66 (2): 141-148.

[2] CLARKE S, STEVENS E. Sustainable leadership in small rural schools: selected Australian vignettes [J]. Journal of Educational Change, 2009, 10 (4): 277-293.

[3] 柴琳, 陈坤华. 基于专业发展的乡村校长学习力: 现实表现、受限因素与提升策略 [J]. 湖南第一师范学院学报, 2021, 21 (5): 44-49.

[4] 陈波涌, 刘青. 农村特岗教师专业发展转型研究——基于湖南省调研情况的分析 [J]. 当代教育论坛, 2017 (2): 66-76.

[5] 陈丽. 乡村校长要成为"自我发展者"——基于河北省所有地市乡村校长代表调研的思考 [J]. 中小学管理, 2020 (8): 23-25.

[6] 陈向明. 质的研究方法与社会科学研究 [M]. 北京: 教育科学出版社, 2000.

[7] 陈志伟, 时晓玲. 周济部长畅谈农村教育成就和目标 [N]. 中国教育报, 2003-09-16 (1).

[8] 程良宏, 陈伟. 迁徙与守望: "候鸟型"乡村教师现象审思 [J]. 教育发展研究, 2020, 40 (Z2): 63-70.

[9] 崔丽娟, 肖雨蒙. 依托乡村振兴战略改善社会支持系统: 留守儿童社会适应促进对策 [J]. 苏州大学学报 (教育科学版), 2022 (10): 20-30.

[10] 董燕. 农村中小学校长变革型领导力问题的研究 [J]. 教育现代化, 2017, 4 (8): 209-211.

[11] DUNCAN H E, STOCK M J. Mentoring and coaching rural school leaders: what do they need? [J]. Mentoring & Tutoring: Partnership in Learning, 2010, 18 (3): 293-311.

[12] 费孝通. 乡土中国 [M]. 北京: 北京大学出版社, 2012.

[13] 冯建军. 从同一性到差异性: 重构乡村教育的正义之维 [J]. 探索与争鸣, 2021 (4): 22-24.

[14] 高闰青. 论农村小学全科教师培养的着力点 [J]. 教育研究与实验, 2018 (1): 60-65.

[15] HANSEN C. Why rural principals leave [J]. Rural Educator, 2018, 39 (1): 41-53.

[16] 黄国英, 叶翠. 乡村小学图书室建设调查分析——以长株潭地区为例 [J]. 图书馆, 2019 (8): 99-103, 111.

[17] 黄晓茜, 程良宏. 教师学习力: 乡村教师专业发展的重要驱力 [J]. 全球教育展望, 2020, 49 (7): 62-71.

[18] 黄友初, 马陆一首. 小学全科型卓越教师的内涵、特征与培养路径 [J]. 教育科学, 2020, 36 (2): 47-52.

[19] 黄远. 农村校长角色变迁研究——以L镇三位农村校长为例 [D]. 长春: 东北师范大学, 2016.

[20] 姜超, 邬志辉. 乡村校长社区领导力的现实价值与提升策略 [J]. 基础教育, 2020, 17 (1): 41-46.

[21] 姜超. 工作生活两地化: 城镇化背景下乡村教师职业新样态——基于天增县的田野考察 [J]. 中国教育学刊, 2018 (7): 94-99.

[22] 姜英敏. 家长对协同育人的期待和建议 [J]. 人民教育, 2021 (8): 23-25.

[23] 蒋桂黎. 农村留守儿童心理健康教育及行为疏导 [J]. 中国果树, 2022 (9): 126.

[24] 李广海, 杨慧. 乡村振兴背景下乡村教师治理角色的重塑 [J]. 中

国教育学刊，2020（5）：75-79.

[25] 李景鹏. 政府职能与人民利益表达［J］. 中共中央党校学报，2006（3）：15-18.

[26] 李森，崔友兴. 新型城镇化进程中乡村教育治理的困境与突破［J］. 西南大学学报（社会科学版），2016，42（2）：82-89，190.

[27] 李统兴. 乡村校长推进学校文化建设的关键点［J］. 中小学管理，2021（2）：15-17.

[28] 李伟，李玲. 社会力量参与乡村教育治理的价值、困境及建议［J］. 西南大学学报（社会科学版），2019，45（3）：75-81，190.

[29] 李友梅. 中国社会治理的新内涵与新作为［J］. 社会学研究，2017，32（6）：27-34，242.

[30] 李长娟."玻璃天花板"下乡村女教师职业发展的现实表征与突破路径［J］. 河北师范大学学报（教育科学版），2017，19（4）：121-125.

[31] 梁红梅，马喜. 生态视域下农村校长的工作压力与应对策略——基于 X 省百位农村中青年骨干校长的调查［J］. 教育理论与实践，2017，37（31）：24-27.

[32] 刘善槐，王爽，武芳. 我国农村小规模学校教师队伍建设研究［J］. 教育研究，2017，38（9）：106-115.

[33] 刘世敏，刘淼. 领导对"玻璃天花板"的认知对女性下属职业生涯发展的影响［J］. 妇女研究论丛，2014（4）：34-40，62.

[34] 刘守英，龙婷玉. 城乡融合理论：阶段、特征与启示［J］. 经济学动态，2022（3）：21-34.

[35] 刘守英，王一鸽. 从乡土中国到城乡中国——中国转型的乡村变迁视角［J］. 管理世界，2018，34（10）：128-146，232.

[36] 刘铁芳. 乡村教育的问题与出路［J］. 读书，2001（12）：19-24.

[37] 刘铁芳. 乡土的逃离与回归［M］. 福州：福建教育出版社，2008.

[38] 刘杨，张佳. 乡村中小学校长心理韧性对自主性影响的实证研究——工作延迟满足的中介作用［J］. 基础教育，2020，17（6）：48-58.

[39] 刘义兵，付光槐. 教师教育一体化发展的体制机制创新［J］. 教育研究，2014，35（1）：111-116.

[40] 刘云杉."悬浮的孤岛"及其突围——再认识中国乡村教育［J］. 苏州大学学报（教育科学版），2014，2（1）：14-19.

[41] 刘宗珍. 依法带娃：家庭教育的法律规制和实施路径［J］. 中国青年研究，2022（11）：52-60.

[42] 陆超，刘莉莉. 挣扎与坚守：多重角色下乡村校长角色冲突的表征及动因——基于25位乡村校长的访谈研究［J］. 教育发展研究，2021，41（18）：77-84.

[43] 罗伦洪. 加强农村留守儿童家校共育，助推乡村教育振兴［J］. 中国教育学刊，2023（1）：105.

[44] 吕亚楠. 乡村教师专业发展支持系统的现状分析及重构［J］. 教育理论与实践，2016，36（17）：22-24.

[45] 满忠坤."应时之需"与"卓越追求"：农村小学全科教师的名与实之辨［J］. 教师教育研究，2019，31（3）：39-44，60.

[46] 孟亚男，张璨. 父母情感陪伴缺位对留守儿童的影响——基于留守表述的情感社会学分析［J］. 少年儿童研究，2022，343（8）：16-24.

[47] 倪娟，杨玉琴，沈健. 我国义务教育学区制试行现状研究［J］. 上海教育科研，2018（3）：5-9.

[48] 帕克·帕尔默. 教学勇气——漫步教师心灵［M］. 吴国珍，等，译. 上海：华东师范大学出版社，2014.

[49] PATTON M Q. Qualitative evaluation and research methods［M］. London：Sage Publishing，1990.

[50] Pierre D P. Challenges for rural school leaders in a developing context：A case study on leadership practices of effective rural principals［J］. Koers，2017，82（3）：1-10.

[51] 秦玉友. 农村小规模学校发展的基本判断与治理思路［J］. 教育研究，2018，39（12）：81-86.

[52] 邱德峰，王远征，于泽元．在地化教育视角下我国乡村教育的发展困境及突围[J]．教育科学论坛，2022（3）：70-76．

[53] RENIHAN P, NOONAN B. Principals as assessment leaders in rural schools [J]. The Rural Educator, 2018, 33 (3): 1-8.

[54] SCHLEBUSCH G, MOKHATLE M. Strategic planning as a management tool for school principals in rural schools in the motheo district [J]. International Journal of Educational Sciences, 2016, 13 (3): 342-348.

[55] SHUMAN A. Rural high school principals: leadership in rural education [D]. Philaclephia: Temple University, 2010.

[56] 《深化基础教育管理体制改革研究》课题组．深化基础教育管理体制改革研究报告[J]．教育研究，1998（12）：22-29．

[57] 沈伟．城镇化背景下的校长领导力：基于空间社会学的考察[J]．教育发展研究，2018，38（18）：45-52．

[58] 石连海，田晓苗．我国乡村教师队伍建设政策的发展与创新[J]．教育研究，2018，39（9）：149-153．

[59] 孙德超，李扬．试析乡村教育振兴——基于城乡教育资源共生的理论考察[J]．教育研究，2020，41（12）：57-66．

[60] 孙冉，杜屏，杨靖．特岗教师会促进农村学生发展吗——基于新人力资本理论的视角[J]．湖南师范大学教育科学学报，2022，21（1）：105-115．

[61] 陶行知．半周岁的燕子矶国民学校[M]//陶行知．陶行知文集．江苏：江苏凤凰教育出版社，2008．

[62] 陶行知．陶行知教育文集[M]．成都：四川教育出版社，2007．

[63] 田振华．小学全科教师的内涵、价值及培养路径[J]．教育评论，2015（4）：83-85．

[64] VERSLAND T M. Principal efficacy: Implications for rural "grow your own" leadership programs [J]. The Rural Educator, 2013, 35 (1): 1-11.

[65] 王成龙．社会角色理论视角下西部乡村中小学校长培训内容重构

[J]．中国成人教育，2022（24）：70-74．

[66] 王家源．夯实千秋基业，聚力学有所教——新中国70年基础教育改革发展历程［N］．中国教育报，2019-09-26．

[67] 王鉴，苏杭．略论乡村教师队伍建设中的"标本兼治"政策［J］．教师教育研究，2017，29（1）：29-34．

[68] 王凌霞，王开琳，马雪玉．农村中学教师隐性流失对教育的冲击及其应对［J］．教学与管理，2017（4）：12-15．

[69] 王淑宁．城镇化进程中乡村中小学校长发展困境的归因与突破［J］．教学与管理，2018（15）：32-35．

[70] 王帅，凡勇昆．激发乡村学校办学活力的治理之道［J］．教育发展研究，2020，40（Z2）：46-53．

[71] 王素华，林琼芳．留守儿童成长过程中乡村教师的作用与角色替代［J］．教学与管理，2018（18）：20-22．

[72] 王栅，王兴洲．直面新时代：唤醒乡村教师的公共使命［J］．中小学管理，2022（9）：15-18．

[73] 邬志辉，杨卫安．"离农"抑或"为农"——农村教育价值选择的悖论及消解［J］．教育发展研究，2008（Z1）：52-57．

[74] 邬志辉．全力打赢农村"两类学校"建设攻坚战［N］．人民日报，2018-08-20（13）．

[75] 吴河江．乡村教师意义世界的退隐与自我救赎［J］．当代教育科学，2021（7）：63-68．

[76] 吴云鹏．乡村振兴视野下乡村教师专业发展的困境与突围［J］．华南师范大学学报（社会科学版），2021（1）：81-89，195．

[77] 夏之晨，陈昊璇，杨帆．新教育实验行动对农村留守儿童学业发展的影响及其机制研究［J］．中国电化教育，2023（2）：15-22．

[78] 徐吉洪，满建宇．忙、盲、茫：乡村校长向何方？［N］．中国教育报，2015-04-30（06）．

[79] 徐玉特．农村学校治理现代化中校长能力的困境与匡扶［J］．教育探索，2017（2）：113-117．

[80] 许红敏,曹慧英. 小学全科教师的内涵辨析与培养策略——基于江苏省的需求[J]. 教育理论与实践, 2016, 36 (11): 33-35.

[81] 许占权,何家仁. 乡村中小学校长需要怎样的培训"大餐"?——基于岭南地区429名乡村中小学校长培训需求的调查[J]. 中小学管理, 2018 (8): 41-43.

[82] 闫闯. 乡村教师乡贤身份自觉:价值、困境与突围[J]. 当代教育科学, 2021 (12): 3-12.

[83] 闫闯. 乡村小学教育评价政策执行的主体困境及规避[J]. 当代教育科学, 2022 (5): 79-86.

[84] 晏阳初. 平民教育与乡村建设运动[M]. 上海:商务印书馆, 2014.

[85] 杨柳,张旭. 城镇化背景下乡村中小学校长发展境遇的现实省思——基于全国11县208所乡村中小学校长的调查[J]. 上海教育科研, 2017 (5): 28-32..

[86] 杨清溪,邬志辉. 校长领导力:乡村教育发展的新动能[J]. 教育发展研究, 2018, 38 (24): 41-47.

[87] YANG M, LEE S W, GOFF P T. Labor dynamics of school principals in rural contexts[J]. AERA Open, 2021 (7): 1-18.

[88] 姚嘉,张海峰,姚先国. 父母照料缺失对留守儿童教育发展影响的实证分析[J]. 教育发展研究, 2016, 36 (8): 51-58.

[89] 叶澜,白益民,王枬,等. 教师角色与教师发展新探[M]. 北京:教育科学出版社, 2001.

[90] 殷世东. 让课堂成为诗意栖居地[J]. 教育研究, 2016, 37 (3): 119-125.

[91] 于冰,邬志辉. 校长课程领导:新时代基础教育高质量发展的重要支点[J]. 社会科学战线, 2020 (9): 240-246.

[92] 约翰·杜威. 学校与社会·明日之学校[M]. 赵祥麟,任钟印,吴志宏,译. 北京:人民教育出版社, 2005.

[93] 臧宁,曹洪健,周楠. 家校合作与青少年学业和行为发展:不良同

伴交往及意志力的作用［J］．教育研究，2022，43（4）：107－122．

［94］张福平，邬志辉．乡村振兴视域下乡村小规模学校振兴的国际经验［J］．比较教育学报，2022（3）：24－36．

［95］张恒．乡村教师的工作——家庭支持对职业认同的影响研究［J］．现代商贸工业，2021，42（25）：64－66．

［96］张慧心，牛世全．乡村小规模学校内生发展的路径选择［J］．教学与管理，2021（17）：7－9．

［97］张兰婷，张莉，李为民．乡村优秀校长特质的个案研究［J］．教育学术月刊，2021（11）：91－99．

［98］张丽娟，周大众．后扶贫时代乡村教育需要怎样的扶贫？［J］．教育科学研究，2022（9）：11－16．

［99］张颀，汪冰冰．双重困境与脆弱的振兴：农村小规模学校发展的个案研究［J］．基础教育，2021，18（1）：40－50．

［100］张先义．乡村校长职业发展的现实困境与突围之策［J］．中小学管理，2021（2）：21－23．

［101］张雨晴，李茂森．乡村小规模学校内生发展的困扰与路向［J］．湖州师范学院学报，2022，44（6）：22－27．

［102］曾佑惠．正面思维：让乡村校长能"做成事"［J］．中小学管理，2020（8）：35－37．

［103］周大众．"农助工程"与乡村教育家成长：未能与可能［J］．教育理论与实践，2022，42（7）：40－45．

［104］周静，周正．新时代乡村校长领导力提升的现实阻碍与自我修炼［J］．中国成人教育，2021（9）：74－77．

［105］周立环．乡村教师的生存境遇及对策研究［J］．世纪桥，2016（1）：64－65．

［106］周晔，徐好好．乡村校长的文化使命：让乡土文化滋养乡村学校发展［J］．中小学管理，2021（2）：18－20．

［107］周晔．建设高质量的乡村教师队伍［J］．教育发展研究，2021，41（18）：3．

[108] 周烨，赵宁. 农村小学非师范初任教师的专业性问题、成因与对策[J]. 教师教育研究，2020，32（4）：104－110.

[109] 邹太龙. 乡村教师助力民族地区乡村文化振兴：现实困囿、角色期待与行动路径[J]. 湖北民族大学学报（哲学社会科学版），2022，40（5）：106－114.

[110] 佐藤学. 教师的挑战：宁静的课堂革命[M]. 钟启泉，陈静静，译. 上海：华东师范大学出版社，2012.

[111] 佐藤学. 课程与教师[M]. 钟启泉，译. 北京：教育科学出版社，2003.

后 记

2014年，我调入湖南省教育科学研究院，在教育人力资源研究所工作。全新的工作环境、全新的研究领域翻开了我人生中新的篇章，让我对未知的旅程充满好奇和兴奋、紧张与期待，一切都蓄势待发。教育人力资源研究所主要关注中小学教师队伍建设研究，并协助省教育厅开展全省"特岗教师"招聘、"三区支教"计划、"银龄讲学"计划、"校长教师轮岗交流"等具体工作。虽然我的所学专业与教育科研似乎南辕北辙，但是一开始接触教师队伍研究这个新领域，我就喜欢上了。我积极参与并全身心投入相关工作，在一次次调研、座谈、访谈活动中，我接触到越来越多的乡村教师和乡村校长，逐步将自己的研究聚焦于乡村教师队伍建设主题。

这部书稿是课题组集体智慧的结晶。首先要感谢接受课题组邀请，参与本研究的7位乡村校长，是他们在百忙之中挤出时间，积极配合课题组的多轮次访谈、实地调研，并乐于分享、勇于剖析，才使得本研究得以顺利推进，并最终形成了这部书稿。其次要感谢湖南师范大学唐智彬教授及其团队研究生田宙林、肖奕言、王艳君、周书臣、周梦娇、刘青、肖丽燕、周雅芝，以及唐亚明老师，他们在疫情之下，克服万难，搜集现场文本，挖掘教育故事，完成了基础访谈和初稿整理工作，正是因为有他们的努力，7位乡村校长的经历、诉求、经验才能原汁原味地呈现在这里。然后还要感谢陈波涌副所长和李婷老师，启发我以叙事研究的方法开展研究，并多次参与研讨论证，对书稿的修订倾注了大量心血。

本书的出版，还要感谢湖南师范大学出版社的吴真文社长和宋瑛老师，他们的热情专业、细致认真，保障了本书的顺利出版。

　　囿于笔者的研究能力与学术水平，书中错误与不足在所难免，敬请读者们批评指正。

单　莹

2023 年 1 月 20 日于崇文阁